法藏知津

中國佛教研究集成

初　編

杜潔祥主編

第1冊

初期佛教「緣起」概念析論：緣起與《雜阿含》「雜因誦」諸相應概念之交涉

呂凱文著

花木蘭文化出版社

國家圖書館出版品預行編目資料

初期佛教「緣起」概念析論：緣起與《雜阿含》「雜因誦」諸相應概念之交涉／呂凱文 著 — 初版 — 台北縣永和市：花木蘭文化出版社，2010〔民 99〕

目 4+166 面；19×26 公分

（法藏知津——中國佛教研究集成 初編；第 1 冊）

ISBN：978-986-254-258-3（精裝）

1. 緣起論 2. 阿含部

220.124 99014042

ISBN - 978-986-254-258-3

9 789862 542583

法藏知津——中國佛教研究集成

初 編 第 一 冊 ISBN：978-986-254-258-3

初期佛教「緣起」概念析論：緣起與《雜阿含》「雜因誦」諸相應概念之交涉

作 者 呂凱文

主 編 杜潔祥

總編輯 杜潔祥

印 刷 普羅文化出版廣告事業

出 版 花木蘭文化出版社

發行所 花木蘭文化出版社

發行人 高小娟

聯絡地址 台北縣永和市中正路五九五號七樓之三

電話：02-2923-1455／傳眞：02-2923-1452

電子信箱 sut81518@ms59.hinet.net

初 版 2010 年 8 月

定 價 初編 36 冊（精裝）新台幣 55,000 元

初期佛教「緣起」概念析論：
緣起與《雜阿含》「雜因誦」諸相應概念之交涉

呂凱文　著

作者簡介

呂凱文，臺灣彰化市人，1969 年出生。學術興趣廣泛，從古印度宗教到當代哲學思想皆喜歡涉獵。1992 年政治大學哲學系畢業。1995 年政治大學哲學研究所畢業。1997 年就讀法光佛教文化研究所，研習梵語巴利語等古典佛教語文，並於 2002 年取得天主教輔仁大學哲學博士學位。曾任教華嚴專宗佛學研究所、圓光佛學院、真理大學等學術單位，並擔任《法光月刊》總編輯。目前為台灣的南華大學宗教學研究所的專任副教授兼所長，並擔任《世界宗教學刊》總編輯，以及巴利學研究中心主任等職。

提　要

「緣起」乃是初期佛教最為重要的教理之一，本論文研究目的即在於澄清與詮釋初期佛教之緣起概念的一般性意義。本文詳細考察「緣起」與「緣已生法」這兩個概念的區別，並且檢視阿毘達磨佛教傳統對於這些概念可能存在的誤解。有別於傳統研究方法，本文也採取「編輯者之詮釋性」的研究策略，藉著與「緣起」相關的種種概念來檢討這個主題的內涵與外延。全文分為七章。第一章「導論」，主要是說明本論文的研究目的、研究進路、研究策略、研究方法、研究範圍、研究資料、歷來重要研究成果與論文結構。第二章「緣起系列之句型結構分析」，分析緣起系列之句型結構，並藉此分析的成果作為理解緣起概念之準備。第三章「『緣起』與『緣已生法』之差別」，對於「緣起」與「緣已生法」之差別加以探究，並且嘗試檢視阿毘達磨佛教傳統對於這個問題的看法。此後，第四章「緣起之界」、第五章「緣起之諦」與第六章「緣起之食」，分別探討「界」、「諦」與「食」這三個概念與緣起之交涉，並藉上述探討的成果重新詮釋緣起與「界」、「諦」與「食」三個概念的動態意義。第七章「結論」，對本文以上論述作扼要回顧，予以結論。

目次

凡　例

1. 凡本文引用資料涉及數字部分（如卷數、經號、年月、頁數等），爲求前後一貫起見，中日文著作裡的數字皆以漢字的數字符號表示，西文著作裡的數字皆以阿拉伯數字表示。例如：

◎《中阿含經》〈象跡喻經〉（《大正藏》卷一，頁四六七中）。

◎ 釋印順，《原始佛教聖典之集成》（台北：正聞出版社，一九九四年一月修訂本三版），頁六二九～六三四。

◎ Jamie Hubbard & Paul L. Swanson ed., *Pruning the Bodhi Tree: The Storm over Critical Buddhism*, University of Hawaii Press, 1997.

2. 佛教典籍部分，凡是屬於經典內容綱目之「誦」、「品」、「相應」等，或是「經典」之經名，若隨後附有巴利文或梵文者，皆以大寫羅馬字體開頭表示；唯「經典」之梵、巴名稱以斜體字表示其書名號，而「誦」、「品」、「相應」等內容綱目則以常體字表示。此外，大部頭的經典則以雙引號（《　》）表示，單篇經文則以單引號（〈　〉）表示，而「誦」、「品」、「相應」等則以一般引號（「　」）表示。例如：《長部經》（*Digha-Nikāya*）、〈緣經〉（*Paccaya*）、《雜阿含》「因緣誦」（Nidāna-Vagga）、「大品」（Mahā-Vagga）或「聲聞地」、「本地分」。

3. 專有名詞（例如宗教、人名等）皆以大寫羅馬字體開頭表示，例如「佛教」（Buddhism）、「婆羅門教」（Brahman）、「阿說示」（Assajji）。至於一般名詞後面，需要附上西文、梵文或巴利文等加以強調與註明時，則以小寫羅馬字體開頭表示，例如：「因緣」（nidāna）、「界」（dhātu）、「主詞」（subject）、「繫詞」（copula）。

4. 隨文所附的梵文或巴利文詞彙部分，一般以語幹（stem）型態表示（例如：paṭicca-samuppāda, paccaya）；若強調該詞彙的特殊用法時，則將以該詞彙於巴利原典或梵文原典的格數型態表示（例如：paṭicca-samuppādaṃ, paccayā）。

1 導論

1.1 研究目的與進路之說明

「緣起」乃是初期佛教最爲重要的教理之一，本論文研究目的即在於澄清與詮釋初期佛教之緣起概念的一般性意義。爲了避免造成讀者不必要的誤解，這裡有必要對於所謂的「緣起概念的一般性意義」一語略作寬廣的解釋。因爲「概念」（concept）乃是「思想」（thought）的基礎本身，亦可說是「思想的最簡單形式」〔註 1〕，研究某種思想時，若能適度釐清構成某種「思想」的基本概念，這對於探討的論題能夠發揮澄清的作用，並且可以避開不必要的謬誤。就一般理解而言，初期佛教緣起思想的淵源、形成、發展與對於後世的影響，乃是建立在佛弟子對於初期佛典裡緣起概念的理解與詮釋上，因此對於初期佛教緣起思想的研究可以先從緣起概念著手。而這裡所謂的初期佛教「緣起概念的一般性意義」探討，基本上包括一個關懷，這個關懷重點亦即是：「初期佛典的編輯者們，如何普遍地理解初期佛典裡『緣起』概念以及與『緣起』相關的文本與概念」。

申言之，所謂的「一般性意義」探討，乃是藉由現存初期佛典之「文本結構」（the structure of texts）裡面可能蘊涵的意義，發掘初期佛教思想裡緣起概念之「一般性意義」（the meaning in general）。這也可說是：嘗試透過初期佛典編輯者的角度，就其文本結構之編輯的一般性原則，解釋與釐清緣起概

〔註 1〕布魯格編著，項退結編譯，《西洋哲學辭典》（台北：西洋哲學辭典，一九九二年），頁一二四。

念與其週邊文本「主題概念」（main concepts）之間彼此交涉的可能義涵，並且依此來對於緣起思想進行研究。然而上述的抽象解釋，對於陌生於學術術語的讀者而言，於理解上或許帶來些許的困擾，爲此有必要先就具體作法與研究進路提出較爲詳細的說明。於此，還是扣緊本文研究的緣起概念爲例提出解釋。

關於初期佛教緣起概念的出處，就漢傳的初期佛典而言，主要可見於《雜阿含》的「因緣相應」經群裡，以現今《大正藏》的經數爲依據，「因緣相應」相當於從《雜阿含》二八三經到三七〇經，一共有八十八經。這八十八經的內容，往往成爲歷來學者討論漢傳初期佛典裡緣起思想的主要依據，亦是一般學者採取的研究進路。然而，本文採取的研究進路，並不設限於以「緣起相應」八十八經內容作爲探討初期佛教緣起思想面貌是如何的問題，而是嘗試從「緣起相應」輾轉跳躍至其上層目錄結構——「雜因誦」，鳥瞰緣起概念是如何的問題。

「雜因誦」是由種種主題概念的文本所匯集而成，這些主題概念以「因緣相應」、「諦相應」、「界相應」與「食相應」四種相應，作爲說明緣起思想的主要內容。換言之，「因緣、諦、界、食」等主題概念皆與「因緣」（緣起）相關，才被納入「雜因誦」裡。若藉十字的縱橫方向譬喻，由於各主題概念彼此之間既平等依存且互爲關連，因此本文對於這些主題概念（緣起、食、諦、界）之交涉的研究，可謂是「橫向性的研究進路」。

相對於此，歷來學界將研究重心置於十二緣起支（無明、行、識、名色、六入、觸、愛、取、有、生、老死），線性地探討各緣起支的前後生起的關係，這裡或可權宜地視爲「縱向性的研究進路」。至於本文不願僅從這個角度來討論緣起思想，一方面是鑑於歷來學者對於這部分的基礎研究已經過多，姑且不論學者們所提出的問題是否已獲得蓋棺論定的結論，至少可以推想到的是，僅是將研究心力苦苦追隨於目前學者已提出的細緻與精巧的討論，平心而論，一方面這種單向性的研究視野能夠容納的能見度仍是相當有限，並且也難於從文獻資料的質與量上超越目前學界已有的成果與業績；另一方面，則是考量到，如果僅尾隨前人的研究進路和既存問題加以探究，這仍然很難完全跳脫歷來學界所形成的既定思惟模式，從而也難以開顯出緣起思想裡可能被忽略的意義。

因此，本文所採取的研究進路，乃是選擇另從輾轉昇高的層次，以初期佛典編輯者對於緣起概念理解的角度，來看待緣起概念本身。換言之，前面提到的「緣起相應」八十八經，就《雜阿含》的文本結構來看，它位於漢譯《雜阿含》「雜因誦」裡，這部分相當於南傳《相應部》的「因緣誦」（Nidāna-Vagga）。就初期佛教的語義用法而言，「因緣」（nidāna）一詞即是緣起（paṭicca-samuppāda）的廣義解釋。若是如此，不論漢傳《雜阿含》「雜因誦」或南傳《相應部》「因緣誦」的內容編排如何，就其所探討的各種主題思想內容而言，皆可視爲是依緣起思想而廣泛立論。

正是如此，雖然「因緣相應」被編排於《雜阿含》「雜因誦」內，但是「雜因誦」的內容除了「因緣相應」之外，尚有「界相應」、「諦相應」與「食相應」等相關的主題概念。由於「因緣、界、諦、食」等主題概念亦是「雜因誦」內容的一部分，若從「物以類聚」的一般性編輯原則考察，或許可以推想：就初期佛典的編輯者而言，由於這些相關的主題思想彼此之間具有極高的同質性，並且被視爲是對於緣起（因緣）思想的廣義解釋，才會將之同時納入「雜因誦」內。如此一來，當我們以初期佛教的緣起概念爲研究主題時，勢必不能忽視此一「編輯者之詮釋性」，對於初期佛典之文本結構的理解與計劃。換言之，當我們理解與詮釋緣起概念時，這些相關的主題概念與緣起概念之間的交涉，正是理解初期佛教緣起概念於一般性意義的重要課題。

1.2 研究策略之說明

1.2.1 編輯者之詮釋性

之所以藉「編輯者之詮釋性」，重新詮釋初期佛教緣起概念之一般性意義，這是因爲吾人現今所閱讀的初期佛教經典，基本上都是歷經數代經典集結之後的產物。既然它是人爲所集結的歷史文獻，所以整個集結與形成的過程，當然不可忽視人爲因素參與其中。不論這種編輯過程是透過個人意志或集體意志運作，至少可想像到的是，若無這些參與集結之大德的理解與編輯意圖的編排，則根本無法呈現這般文本章節結構井然有序的佛典於我們面前。因此，這裡所謂的「人爲因素」，就涉及到初期佛典的編輯者是如何理解緣起概念，這即是所謂的「編輯者之詮釋性」，亦是本文所採取的研究策略。對於本文所採取的這種研究策略，在此亦以適當篇幅說明。

由於經典的集結與形成，必須經過佛典傳誦者與編輯者的參與才能遂行，既然現前的佛典是歷史沉澱後的產物，就某種程度而言，它代表歷史過程裡集體意識參與的成果，因此這般的編輯是建立於當時參與者的普遍理解之上，具有一般性意義。這樣的一般性意義，亦可藉《瑜伽師地論》對於《雜阿含》編輯結構的理解爲例輔助說明。

就《瑜伽師地論》的觀點而言，初期佛典的結集經法是以「事類相應」結集佛陀教法〔註 2〕。至於其所結集的內容結構如下：（一）有情事之蘊相應；（二）受用事之處相應；（三）生起事之緣起相應；（四）安住事之食相應；（五）染淨事之諦相應；（六）差別事之界相應；（七）所說事之念住、正斷（勤）、神足、根、力、覺支、道支、入出息念、學、證淨相應。以上是「九分教」中的「修多羅」，也就是《雜阿含》以及《相應部》的根本部分。

隨後多次再結集的是：（一）眾會事之比丘眾、魔眾、帝釋眾、剎利眾、婆羅門眾、梵天眾、比丘尼眾、婆耆沙尊長眾、諸天眾、夜叉眾、林（神）眾等八眾說眾相應，這是九分教中的「祇夜」。（二）說者事之（甲）弟子所說相應（舍利弗、大目犍連、阿那律、大迦旃研、阿難、質多羅相應）以及（乙）如來所說相應（不壞淨、大迦葉、聚落主、馬、釋氏、無始、婆蹉種出家、外道出家、雜、譬喻、病、業報相應），這是九分教中的「記說」。換言之，集以上「修多羅」、「祇夜」、「記說」三大部分，便構成現存的《雜阿含》，也因此而稱爲《相應阿含》。〔註 3〕

以上所述的，即是《瑜伽師地論》作者對於《雜阿含》文本結構的理解。可以推想到的是，《雜阿含》井然有序的內容編排與目錄整理，當然是經過高度理智策劃的編輯成果，絕對不是亂無章法的編排。就文字編輯者的角度視

〔註 2〕請參見《瑜伽師地論》卷三，《大正新脩大藏經》（以下簡稱《大正藏》）（台北：新文豐出版社，一九九三年）卷三〇，頁二九四上。此外，相關觀點亦參見《瑜伽師地論》卷八五，《大正藏》卷三〇，頁七七二下；以及《根本說一切有部毘奈耶雜事》卷三九，《大正藏》卷二四，頁四〇七中。關於初期佛典裡《雜阿含》集成過程之看法，請參見釋印順，《原始佛教聖典之集成》（台北：正聞出版社，一九九四年一月修訂本三版），頁六二九～六三四；以及前田惠學，《原始佛教聖典の成立史研究》（東京：山喜房佛書林出版社，一九六四年三月），頁六四八～六五七。

〔註 3〕請參見《佛光大藏經》《阿含藏一》（台北：佛光出版社一九九五年八月），頁七～八、一一～一二。國內阿含學者楊郁文教授亦將《雜阿含》的結構內容予以圖表化，請參閱楊郁文，《阿含要略》（台北：東初出版社，一九九四年三月初版），第〇一表。

之，將《雜阿含》的目錄整理與內容結構視爲是一種經過編輯者精心編輯的成果，可說不爲過。若是如此，這裡值得注意的焦點便在於，被編排於同一細目錄內的文本之間的關係，必當有其同質性的要素存在，才會被編排於同一細目錄中。

而上述的例子裡，除了先前我們提到《雜阿含》「雜因誦」將緣起、食、諦、界相應集結於一誦；此外，如《雜阿含》「道品誦」將「念處相應」、「正勤相應」、「如意足相應」、「根相應」、「力相應」、「覺支相應」、「聖道分相應」、「安那般那相應」、「學相應」與一部分的「不壞淨相應」，亦是在同質性的考量下被集結於一誦，諸此例子隨處可舉。但是話說回來，能夠分辨何種思想具有同質性要素存在，並將之編排在一起，或能夠分辨何種思想具有較少同質性要素存在，並將之分開編排開來，這完全是取決於初期佛典編輯者的意志，然則此一意志的遂行，其實已參與了編輯者對於這些佛教思想與經群的理解與詮釋，這即是「編輯者之詮釋性」。

或許有部分學者會提出質疑，這種透過「編輯者之詮釋性」所理解到的佛教思想，就足以代表佛陀之原始教說嗎？這樣的研究策略是否能完全指涉到「佛陀本懷」呢？上述衍生的問題其實可化約爲「重現佛陀教說之可能性」的問題。對於這樣問題的提出，我們以下先將諸家學者已有的意見作一整理，然後再藉之說明本文的觀點與立場。

1.2.2 重現佛陀教說之可能性

回顧近十幾年來佛學研究，關於「重現佛陀教說之可能性」問題，在學者間亦有熱烈討論。根據 J. W. de Jong 的〈1984～1990 之佛學研究〉〔註 4〕的報導，一九八七年在荷蘭萊登（Leiden）所召開的第七屆世界梵語學研討會裡，曾以「最初期之佛教」（Earliest Buddhism）爲題召開討論會。會後 L. Schmithausen 將與會學者所宣讀的幾篇論文集結出版〔註 5〕，並在序文中分別概述「肯定」、「否定」與「整合」等三種不同的立場如下〔註 6〕：(1)某些學

〔註 4〕 J. W. de Jong, "Buddhist studies 1984~1990",《中央學術研究紀要》第二十號（一九九一年）。至於此文的中譯，請參見郭忠生譯〈1984～1990 之佛學研究〉《諦觀》第七十九期（一九九四年十月出版），頁一～七六。

〔註 5〕 請參見 David Seyfort Ruegg and Lambert Schmithausen (eds.), *Earliest Buddhism and Madhyamaka*. Leiden, 1990.

〔註 6〕 以下三種觀點主要是參考與整理自 de Jong 著、郭忠生譯〈1984～1990 之佛學研究〉《諦觀》第七十九期（一九九四年十月出版），頁六～一一。

者（主要是英國學者）認爲：巴利語《尼柯耶》（Nikāya）絕大部分相當可靠，並且相信藉由經典文本（canonical texts）便足以描繪出佛陀教理的眞正形象。(2)其他學者認爲：佛教典籍在筆諸文字之前，早已歷經許多世紀的變化與傳承，況且於筆諸文字後仍不免有所變化，因而初期佛教（earliest Buddhism）教理是不可能重現的，更遑論佛陀本身之教理。(3)另有學者則認爲：吾人可針對佛教經典文本（Buddhist canonical texts），使用高層批判方法（methods of higher criticism）來（相對折衷地）建立典籍層級之一種（或多種）順序及或教理發展之一種（或多種）順序。爲方便起見，在此藉 J. W. de Jong 的上述報導，將前面三種代表觀點略述如下。

首先，Richard Gombrich 樂觀且極力地爲第一種立場辯護。他認爲：佛陀教說的核心部分乃是一組婆羅門教理之反命題（a set of antitheses to Brahmanical doctrines），若我們能夠釐清佛陀與佛弟子對於婆羅門傳統教理的理解，則我們就可以推論出佛陀原始教說的判準〔註 7〕。除此之外，幾位極爲重視《經集》（*Sutta-nipāta*）的耆年學者，亦偏向於肯定的立場，他們視《經集》爲最古老的典籍之一，並且認爲至少可以從中重現部份的佛陀原始教說。這些學者裡，特別是中村元，認爲那些較古老的詩頌，例如在《經集》及其他部份經典所看到的，含有佛陀教義的最古老形式。〔註 8〕

然而，與會學者之一的村上眞完，則站在否定的立場對於中村元的觀點提出反駁。他認爲：「吾人已經指出佛教經典的若干詩頌共通於《摩訶婆羅多》（*Mahābhārata*）及耆那教經典。在此必須一併斟酌，在大部份的例證，詩頌似乎無法精確地表達教說，而且吾人不能認定詩頌部分包含著初期佛教教說的整體。若是想要僅從詩頌來追溯佛陀的原始教說，此種作法令人懷疑。」〔註 9〕

至於，專攻中世紀印度雅利安語的學者 K. R. Norman 亦是與會學者之一，顯然是持折衷的立場〔註 10〕。他雖然指出：任何現存關於佛陀教法之經

〔註 7〕 Richard Gombrich, "Recovering the Buddha's message", *Earliest Buddhism and Madhyamaka*. Leiden, 1990. pp. 5~23.

〔註 8〕 參見 de Jong 著、郭忠生譯，〈1984～1990 之佛學研究〉《諦觀》第七十九期（一九九四年十月出版），頁七～八。

〔註 9〕 參見 de Jong 著、郭忠生譯，〈1984～1990 之佛學研究〉《諦觀》第七十九期（一九九四年十月出版），頁一〇。

〔註 10〕 K. R. Norman, "Aspects of early Buddhism", *Earliest Buddhism and Madhyamaka*. Leiden, 1990. pp. 24~35.

典，包括巴利文傳本都經歷過至少一次的翻譯，其間難免因此發生若干變化。但是從他所宣讀的論文來看，Schmithausen 認爲他是持著整合不同意見的折衷立場，亦即認爲我們能夠把大多數經典資料裡所見到的教說，歸入一個較大而且具有內在一致性的佛陀的眞正教說體系。

而 J. W. de Jong 自己則在〈1984～1990 之佛學研究〉這篇文章裡認爲，中村元以經典之古老詩頌爲文獻基礎而描繪出來的初期佛教，這種進路與如前述 K. R. Norman 所提出「內在一致性」判準在表達上截然有異。中村元等學者假設，佛陀教說的最古老形式要從詩頌中找尋，而且詩頌的文學形式較古且較諸經典的其他部份更古老。J. W. de Jong 則認爲這種假設是一種錯誤的概念，因爲在這種所謂最古老之詩頌中，有許多詩頌在非佛教的典籍中均可看到與其相對應的例證，但是這些詩頌是在很晚的時代才被編入《小部》（*Khuddaka-Nikāya*），雖然其教理成爲佛教教說的一部份，卻並不能因此而結論爲這些詩頌展現出佛陀教說之原始型態。

爲此 J. W. de Jong 自己傾向於 Schmithausen 所敘及的第二種說法，亦即吾人不可能重現最初期佛教之教理，遑論佛陀本身之教理。他提到：「佛陀說法好幾十年，而且他的許多教說均可見諸經典文本，雖然這些殆無可疑，但是如何區分佛陀本身之說法與後代弘法者之教示呢？傳統上所謂佛陀初轉法輪，如何證明它是可資信賴的歷史資料呢？就在佛陀入滅後不久，僧團之領導人即嘗試找出確認『眞實佛語』之標準，對於他們的方法及愼重其事，吾人深感讚佩，但是不容否認的，它們並未能立下『眞實佛語』之絕無謬誤的原則。而在二千餘年之後，現代學者在這方面是否能比他們做得更成功，洵非無疑。」〔註 11〕

從會議討論的結果看來，諸家學者的看法極端分歧，難期一致。不過儘管諸家見解不同立場殊異，但是大致而言，就其用以「證成」或「證僞」、「重現佛陀原始教說之可能行」的與料基礎之一——經典文本（包括口傳文獻），卻是毫無二致。換言之，持肯定立場（包括綜合立場）者，認爲經典文本的新古文獻資料或其整體所透顯的一致性，可作爲佛陀原始教說的判準。至於持否定立場者，則重視無常變化的一面，強調多變流轉的歷史隱晦裡經典文本傳遞佛陀原始教法的侷限性。

〔註 11〕參見 de Jong 著、郭忠生譯，〈1984～1990 之佛學研究〉《諦觀》第七十九期（一九九四年十月出版），頁一〇～一一。

1.2.3 「重現佛陀教說之可能性」之難題與回應

然而話說回來，「重現佛陀原始教說之可能性」這個命題本身便透顯其最終宿命。因爲談「重現」，正是意味著既往的經驗事實無法於現實當下成立，所以才需要藉「重現」之名再次促成與重新建構其意義。就此而言，「重現」一詞隱涵著「現實上不可能，潛能上試試看」的雄心壯志與學術抱負。然卻不可不警醒其間所牽涉的種種難題，否則各走各的極端路線，持肯定立場者往往因此由「中心論」而堅著於「本質主義」；持否定立場者易由「懷疑論」而淪爲「虛無主義」。兩者都不是我們樂於見到的。

儘管上述出席於「最初期的佛教」討論會的學者們，各家觀點立場有所不同，但是唯一彼此可以共通的論域是：藉以「證成」或「證僞」佛陀教說的重要根據，皆無法離開「經典文本」這個要素。經典文本既是目前各家學者用以作爲考證佛陀教說的重要根據，爲了避免「過猶不及」之弊，因此必須先行照顧到「經典文本」自身的問題，「重現佛陀原始教說之可能性」問題才有討論的空間。

或許我們可以換個角度，再重新思考這個問題。就閱讀經典的過程而言，或就認識論的意義而言，既然我們對於佛陀教義的「認識」（knowing）是來自於對手邊佛教經典的「閱讀」（reading），那麼適切地釐清介於「閱讀」到「認識」之間的這一連串認識活動的過程，將非常有助於我們對於上述問題的澄清。

我們可以先簡單地這般推測：首先，法義傳持的最初形態是以口語傳誦的方式流傳於佛弟子間，爲佛弟子所憶持記誦；其次，書寫發達的時代裡，這些最初爲佛弟子憶持記誦的法義，逐漸由具有編纂能力的佛弟子們，依照他們所記誦與理的內容，將法義分門別類，進而編輯成群，成爲我們目前所見的經典型態。如此一來，經典集結與形成過程中，由於憶持、記誦、編纂、分類與編輯的任務都與「人」息息相關，因此整個經典形成過程所涉及問題便不單單是外在「與料」（given）的因素，更要考慮到主事者（或許是多數人）內在思想對於「與料」理解與詮釋的問題。此外，不同傳承或不同系統的經典編輯者，因爲對於法條的歸屬有不同的認知，所以對於經典資料的分類與編排也就不同，於是「同類相應」、「鳩集成廁」，逐次所完成的編輯成果便成爲我們目前所見的經典之文本結構。其中，這裡面所謂「同」與「不同」的判斷，便涉及「人」的認知、理解與詮釋活動。

由於經典的形成必須透過編輯者的分類編排才能夠進行，於是我們可以這般大膽假設：經典的形成並不完全是機械性的資料堆砌，更要藉著編輯者自身主觀立場（或帶著理解意義的認知與詮釋）自發性操作才能完成。換言之，若缺乏「主觀立場」這一層面的知識活動，經典不可能形成與出現，甚至也不可能有任何法義的憶持與記誦活動。若這一個假設能夠成立，則在此所謂「閱讀經典」以至於「認識佛教」的進路，將被改寫為：「閱讀（依經典編輯者的理解與詮釋而編排的）經典」而「認識佛教」。亦即，位於「身為讀者的我們」與「佛陀原始教說」之間，其實存在著一道隱而不見的「濾鏡」（或是偏光鏡）——「編輯者之詮釋性」，影響我們對於佛陀教說的能見度與視野。

若是如此，則從「閱讀」到「認識」之間這一連串認識過程可以如下化約：

讀者 → 經典（編輯者之詮釋性）→ 佛陀原始教說

若就活潑而廣義而言，上述「經典」一詞當不限於書寫型態的文字，日常生活的言說或口傳文獻亦可包括在內。重要的是，如此一來，原先難以處理的「重現佛陀原始教說之可能性」問題，便不再具有必要先行回應的第一優先順位，反而被接下來的問題往後推延。因為，除非我們能夠先回答「編輯者之詮釋性」問題，嘗試弄清楚這一片隱形濾鏡的模樣，否則再怎麼殫精竭力地在文獻資料打轉，始終也觸不到學術上的「第一義諦」（佛陀原始教說）。

然而，這並不代表我們無法認識佛陀原始教說，只是就認識與邏輯的順序而言，我們認為對於「編輯者之詮釋性」的探討，更優先於對於「重現佛陀原始教說」的探討。此外，這也不意味著本文所採取的這種研究策略，能夠完全免疫於當代解構主義的考驗。當代以德希達（Jacques Derrida）為首所倡導的解構主義，曾以一個重要的觀念「延異」（diffurance），強烈批評傳統詮釋學和哲學詮釋學所謂邏各斯（logos）中心主義的「在場」（presence），使得所有詮釋的對象變成不可能〔註 12〕。換言之，依照解構主義的觀點，不僅「重現佛陀原始教說」問題將不具有第一優先順位，甚至連所謂的「編輯者之詮釋性」問題亦可能被無限延後與延異，以至於造成我們所欲探討的論題將永遠「失焦化」（de-centerlize）的窘境。

〔註 12〕王岳川，《後現代主義文化研究》（台北：淑馨出版社，一九九三年），頁六三～六八。

解構主義的這種觀點，的確會連帶威脅我們現在或今後所嘗試的理論再建構。但是，基於言說可以在聲稱「權宜性」的情況下繼續展演〔註 13〕，我們無妨宣稱本文採取「編輯者之詮釋性」的研究策略之存在性或必要性，只是這種研究策略終將是暫定的，而不是絕對的。亦即在此並不以當然或確定義來看待本文的詮釋所得，而是寧願標示本文的「權宜性」，以待未來有更開放的詮釋空間。如此一來，這裡的「權宜性」研究策略也剛好合理地限制本研究論文的特定視域，並且將研究焦點放在如何使這片隱匿於經典文本裡的「編輯者之詮釋性」濾鏡重現，進而探索其可能義涵。

1.3 研究方法之說明

關於研究方法，主要是採取「文獻學」與「義理分析」兩種研究方法。其中，義理分析的研究方法，本文將之細分爲「歷史語言分析」、「文法分析」、「句型結構分析」以及「詮釋學」等方法。

文獻學的一般工作項目是校定整理原典的資料，進而將原典與其它譯本作文字的比較研究；或者是根據原典與譯本將之翻譯成現代語文，再加上詳盡的註釋（如字義、文法的格數性、歷史）；此外，它也包括原典語文與譯本語文的字彙對照，再附上總索引。總之，版本校訂、語言學、目錄學乃其研究基礎〔註 14〕。由於本文並不純然是文獻學之方法，因此本文在文獻學方法的運用上，主要是藉由各種原典語文（漢、巴、梵）的對讀與現代語文的翻譯，藉此突顯初期佛典裡可能被忽略的問題。

至於，義理分析則是建立於經典文獻所提供的資料基礎上，對於經典語言與文字，予以句型結構、概念、文法、思想與意義的解析。如「歷史語言分析」、「文法分析」、「句型結構分析」以及「詮釋學」等涉及意義解析層面的研究方法，在此我們視爲是廣義的義理分析，將之與文獻學方法交互運用。我們如下簡單介紹這些方法：

「歷史語言分析」研究方法，它的主要任務是掌握「語言」或「字詞」在歷史過程裡的各種意義。因爲「語言」的形成離不開歷史背景裡的文化、

〔註 13〕關於「權宜性」概念，參見周慶華，《秩序的探索——當代文學論述的省察》（台北：東大出版社，一九九四年）頁一三～一五；又參見周慶華，《佛學新視野》（台北：東大出版社，一九九七年）頁一七～一八。

〔註 14〕吳汝鈞，《佛學研究方法論》（台北：學生出版社，一九八三），頁九七。

社會等因素，對於單一語詞加以研究，往往能發現其背後的歷史意義之轉變。以「理性」一詞爲例，天台智者大師使用的「理性」一詞的意義，當有別於近代康德哲學所理解的「理性」內涵，兩者雖然同樣表現爲華文「理性」一詞，但其背後歷史所蘊藏的差異性，卻不能被輕易忽略。爲此，「歷史語言分析」研究方法的重要性，在於讓研究者避免陷入「語言」意義的獨斷執取，一旦從歷史的宏觀角度看待語言的變化，將有助於融攝更寬廣的學術視野。

「文法分析」研究方法，它的主要任務是對於文本的「字」（vocabulary）、「詞」（term）、「句」（sentence）進行文法方面的論析。以梵文、巴利文等佛教經典語言爲例，這些語言的「字」與「詞」有其文法的規律性，往往從字詞本身即可分析出它的「格」、「數」、「性」等。例如巴利文 avijjāpaccayā（無明緣）一詞，我們可以透過前後文脈絡，細部分析它是由 avijjā（無明）與 paccayā（緣）組成的複合名詞，若以文法分析角度視之，avijjā 可分析爲陰性單數，而 paccayā 可分析爲陽性單數從格。這樣的分析有助於我們釐清這些字詞於文本脈絡裡的實況，一來可以免於誤解其意，另一方面亦可彌補異國語言翻譯所造成的理解誤差。

此外，而「句型結構分析」是從「句」型的結構分析著手，它也屬於「文法分析」研究方法的一環。本文論及巴利文的緣起系列句型結構，如 avijjāpaccayā saṅkhārā（無明緣行），也將著重於解析該句型裡的（無明）「緣」（paccaya）與（行）「緣已生法」（paṭiccasamuppanna dhamma）兩項構造。

另外，考慮到異國語言翻譯可能造成的理解誤差，本文亦偶爾嘗試以「命題」（proposition）的句型結構，作爲輔助說明的方便手段。申言之，西方傳統邏輯學（亞理斯多德邏輯）裡，「命題」即是文法學的「句子」（sentence）。一般而言，完整句型至少包括「主詞」（subject）、「謂詞」（predicate）與聯結兩者的「繫詞」（copula），其中「繫詞」以動詞型態出現，因此文法學往往稱之爲「連綴動詞」（linking verb），並且必須三詞具備才能對於該命題形成眞假質上的「判斷」（judgment）〔註 15〕。若以「蘇格拉底是人」句型爲例，「主詞」蘇格拉底、「謂詞」人，再加上「繫詞」是，三詞成立才能形成完整句的眞假質判斷，就此而言，基本句型結構亦可視爲是思想的基本結構，具備邏輯上

〔註 15〕Victoria Neufeldt, *Webster's New World College Dictionary*. Macmillan, 1996, p. 307.

與形式上的普遍性意義。

之所以藉著「句型結構分析」研究方法，考察不同語言脈絡對比翻譯時可能存在的問題，這是因為翻譯不外是以各自的語言背景善巧地理解異國語言的意義；但是異國的語言與文法各有其特色，就此而言，理解意義的誤差存在是在所難免；因而若能夠以適巧的研究方法，指出不同語際翻譯裡可能存在的理解誤差之問題，這工作亦具有重要性。「句型結構分析」研究方法的運用，重點是著眼於指出異國語際翻譯時可能存在的理解問題。不過我們並非以之為獨斷的標準，強加諸於不同語言脈絡之上，若一廂情願地藉之仲裁異國語言翻譯本身的謬誤性，那反而是方法論的「暴力」。

至於，「詮釋學」研究方法。詮釋學乃理解文本的一門學問，凡是涉及文本理解的問題，基本上就是詮釋的問題。已故的傅偉勳教授認為，詮釋學與所謂的「（純粹）客觀性」甚或是「絕對性」毫不相干，詮釋學的探索所能獲致的，充其量只不過是一種「相互主體性脈絡意義的詮釋強度或優越性」（hermeneutic priority or superiority in the intersubjective context）〔註 16〕。本文原則上接受傅偉勳教授這個觀點，並且進而將「相互主體性脈絡意義」等語順延為「文本的相互主體性脈絡意義」（in the intersubjective context of texts）；因而本文的詮釋學實踐，即是藉由「雜因誦」裡「因緣相應」、「界相應」、「諦相應」與「食相應」等「文本際」的相互主體性，探究初期佛教的「緣起」概念。

1.4 研究範圍之說明

本文以「初期佛教」（early Buddhism）為研究範圍，在此「初期佛教」範圍內處理的文獻資料皆與目前學界流行的「原始佛教」相彿，亦即以南傳巴利語的五部《尼柯耶》（*Pañca-Nikāyā*）與《律藏》（*Vinaya-Piṭaka*），以及北傳漢譯四部《阿含經》與《律部》為主要範圍，部分也包含藏譯或近年來發現的梵文斷片資料。

一般所謂的「初期佛教」研究，其起源於近百年以前，西方學者經由接觸錫蘭（斯里蘭卡）的佛教文化，從錫蘭語的學習裡進而接觸巴利語佛教文

〔註 16〕傅偉勳，《從創造的詮釋學到大乘佛學》（台北：東大圖書出版社，一九九〇年），頁三。

獻，並從巴利語研究進入巴利佛教聖典研究。這種研究逐漸盛行於英、德、法等國，而於十九世紀末傳入日本，並漸及於我國。在這之前，我國並不知道巴利佛教聖典的存在，也不瞭解巴利佛教聖典與歷來被習稱爲「小乘經」之漢譯《阿含經》相類似。此外，雖然漢譯藏經裡保存著《阿含經》的譯本，但是自從隋代智顗大師以「五時八教」的判教原則，將《阿含經》的教義判釋爲最淺低的小乘三藏教以來，我國歷來學者與宗教行者往往忽視《阿含經》的眞正價值。

「初期佛教」一詞或可推至英國佛教學者 Rhys Davids 所著的 *Early Buddhism* 一書爲先聲。但是自從「初期佛教」研究的風潮從西方傳入日本與我國後，東亞佛學界對於這個研究領域有不同的分期與定義。從日本學者宇井伯壽於大正十一年（一九二二年）發表《原始佛教資料論》與木村泰賢於大正十三年（一九二四年）以《原始佛教思想論》一書爲題，正式將“early Buddhism”一詞譯爲「原始佛教」以來，從此以後諸家學者對此譯名看法不一〔註 17〕。部分日本學者，例如姊崎正治則認爲若“early Buddhism”指最初期之佛教（即佛陀及其弟子之時代），則應譯爲「根本佛教」爲宜。其餘學者，例如我國的印順或日本的赤沼智善、西義雄，甚至宇井伯壽後來亦持類似看法。並且，這些學者更將根本佛教、原始佛教，與部派佛教（部派分裂對立後的佛教）分別予以界說，惟對時間上與內容上之劃分略有出入。茲列舉如下：

1. 印順法師、赤沼智善說：以佛陀一代四十九年（或四十五年）之教化活動爲「根本佛教」，係一切佛法之根源；佛陀入滅後至部派對立之時期爲「原始佛教」；大眾與上座之根本二部分裂之後即爲「部派佛教」。
2. 宇井伯壽說：佛陀及其直傳弟子（即佛陀入滅後三十年間）之時代爲根本佛教；此後至阿育王即位頃、教團分裂爲上座部、大眾部爲止，爲原始佛教。
3. 西義雄說：根本佛教係指原始佛教資料之最古層中之釋尊教法，原始佛教則指佛弟子及佛陀入滅後至根本分裂以前。

由於歷來學界對於「初期佛教」、「原始佛教」或等概念的定義討論多次

〔註 17〕日本學者的不同分類與不同解說，請參見前田惠學，《原始佛教聖典の成立史研究》（東京：山喜房佛書林出版社，一九六四年三月），頁一～一五。

〔註 18〕，直至目前爲止學者仍各有所見，未形成普遍的既定共識〔註 19〕，往後學界對於這個研究範圍的名詞是否會有定論，恐怕亦是見仁見智的問題。然而「原始」（primitive）一詞於一般用法裡，往往隱含著價值判斷。例如「原始人」或「原始宗教」等詞彙含有原始、初期未開化等意，易被視爲含有價值貶低的意味，故西方學者多避免之。此外，西方佛學界以“primitive Buddhism”一詞稱呼這階段的佛教的例子亦不多見，幾乎都是以“early Buddhism”來稱呼。本文採用「初期佛教」一詞，主要理由即在於爲了避免上述的價值判斷，順應國外學界的一般說法。

1.5 研究資料之說明

本文以「初期佛教『緣起』概念析論」爲主題，副標題爲「緣起與《雜阿含》「雜因誦」諸相應思想之交涉」，就資料的選擇上，手邊的一手資料當然以現存的漢譯《雜阿含》與南傳巴利語系的《相應部》爲主要研究對象，然而因爲「緣起」一詞亦普遍地出現於各部經典裡，因此就整體的研究資料而言，凡是漢譯四部《阿含經》與巴利語五部《尼柯耶》皆被視爲是本文的研究資料。此外，南北傳的《律藏》與《律部》裡亦有部分內容亦是研究資料之一，但是爲規劃的方便起見，暫時不於此論及，於此僅照不同語系的《阿含經》介紹與列舉如下：

1.5.1 漢譯《阿含經》

漢譯阿含經就是「四阿含」，它是包藏眾多契經的四部叢書，相當於巴利本的前四部。漢譯阿含經除現存的四阿含外，還有部分的別譯本，以及相當於巴利本小部經的部分，這些亦是研究的資料。茲介紹如下：

1. 《長阿含經》：二十二卷三十經，佛陀耶舍（Buddhayaśas）譯，姚秦弘

〔註 18〕請參見平川彰，〈原始佛教の定義の問題〉《原始佛教とアビダルマ佛教》（東京：春秋社，一九九一年六月），頁八三～一〇六。

〔註 19〕僅以日本佛教學界爲例，例如於二〇〇〇年九月二日於東洋大學所召開的「日本印度學佛教學會第五十一回學術大會」，就觀察所及，兩位這個專業研究領域的耆年學者，前田惠學教授與三枝充悳教授，對此術語的界定仍然各自表白。三枝充悳主張「初期佛教」，而前田惠學主張「原始佛教」。前田惠學的主要看法，請參見〈仏教の原點であり始原〉（東京：中外日報，一九九九年十月二十八日）；三枝充悳的論點，請參見《初期佛教の思想》（東京：東洋哲學研究所，一九七八年七月），頁 i、一二九～一三五。

始十五年（西元四一三年）。相當於巴利本《長部經》。

2. 《中阿含經》：六十卷二二二經，瞿曇僧伽提婆（Gautama Saṃghadeva）於西元三九八年譯出；之前有曇摩難提（Dharmanandin）於西元三八四年的譯本。相當於巴利本《中部經》。
3. 《雜阿含經》：五十卷一三六二經，求那跋陀羅（Guṇabhadra）譯，宋元嘉年間（西元四四○頃）。相當於巴利本《相應部經》。
4. 《增壹阿含經》：五十一卷四七二經，瞿曇僧伽提婆於西元三九八年譯出；之前有曇摩難提於西元三八四年的譯本。相當於巴利本《增支部經》。
5. 《別譯雜阿含經》：三六四經。
6. 《佛說義足經》：二卷。相當於巴利本《經集》IV。
7. 《法句經》：二卷。相當於巴利本《法句經》。
8. 《本事經》：七卷。相當於巴利本《如是語經》。
9. 《生經》：五卷。相當於巴利本《本生經》的一部分。

1.5.2 巴利語五部《尼柯耶》

巴利語三藏（tipiṭaka）係指斯里蘭卡（錫蘭）、緬甸、泰國等佛教區域自古以來傳持的巴利語（pāli）佛教聖典。巴利語是南傳佛教經典使用的語言，但是這個名稱是近代流行的用語，從十九世紀以來，西方學者才普遍以「巴利語」這個名詞稱呼南傳上座部使用的語言。原先在南傳三藏經典中並沒有這個名稱，直到南傳三藏的註釋文獻中，才開始以「巴利」指稱三藏經典的用法，其原意為「聖典」的意思〔註 20〕。巴利語即聖典語之稱。而巴利佛教聖典的經藏部分，以五部《尼柯耶》為主體，「尼柯耶」（nikāya）一詞的原意是集合體、類或部，上座部將巴利語經藏稱作「尼柯耶」，意思是「佛陀言論匯編」。

順帶一提的是，相對於南傳的經藏被稱為「尼柯耶」，北傳漢譯經藏則被稱為「阿含」。阿含（āgama，或譯阿笈摩）的意思是傳承的經典或聖典，說一切有部等其他部派佛教的論典則用它指稱經藏。阿含原是印度的傳統用語，耆那教和婆羅門教也用它指稱自己的一些經典。而在巴利語佛典中，有

〔註 20〕參見郭良鋆，《佛陀和原始佛教思想》（北京：中國社會科學出版社，一九九七年十二月），頁一。

時也用阿含指稱經藏〔註 21〕。因此，在佛教意義的範圍內，完全可以將尼柯耶和阿含視爲同義詞。爲行文方便起見，本文若未特別強調兩者分別時，則一概將兩者稱爲《阿含經》。

首先看到五部《尼柯耶》：

1. 《長部經》（*Digha-Nikāya*）三十四經。
2. 《中部經》（*Majjhima-Nikāya*）一百五十二經。
3. 《相應部經》（*Saṃyutta-Nikāya*）二千八百八十九經（依 PTS.版）。
4. 《增支部經》（*Aṅguttara-Nikāya*）約九千五百五十七經。
5. 《小部經》（*Khuddaka-Nikāya*）：
   （1）《小誦經》（*Khuddakapāṭha*）
   （2）《法句經》（*Dhammapada*）
   （3）《自說偈》（*Udāna*）
   （4）《如是語》（*Itivuttaka*）
   （5）《經集》（*Suttanipāta*）
   （6）《天宮事》（*Vimānavatthu*）
   （7）《餓鬼事》（*Petavatthu*）
   （8）《長老偈》（*Theragāthā*）
   （9）《長老尼偈》（*Therīgāthā*）
   （10）《本生經》（*Jātaka*）
   （11）《義釋》（*Niddesa*）
   （12）《無礙解道》（*Paṭisambhidāmagga*）
   （13）《譬喻經》（*Apadāna*）
   （14）《佛種姓經》（*Buddhavaṃsa*）
   （15）《所行藏經》（*Cariyāpiṭaka*）

1.6 歷來重要研究成果舉要

由於累積百年來的學術成果，當今國外佛學界在初期佛教範圍裡，關於

〔註 21〕這些例子很多，其中之一可參見《漢譯南傳大藏經》（高雄：元亨寺妙林出版社，一九九一年六月）第二冊《律藏二》，頁二一三。如漢譯經文提到：「此優婆塞多聞而通達阿含，於欲愛已捨離」。至於巴利語部分，請參閱 *Vinaya* II, p. 158.

「緣起」的研究已相多豐碩，但是若要深入簡出地一一加以列舉，則恐怕篇幅耗大無法詳述，此外礙於所學與資料運用的限制，在各國佛學研究的整體背景不熟悉下，若要全盤論述亦相當不智。但是若退而求其次，僅就代表書目略加舉要與擇要說明，則日籍學者中村元於《原始佛教の思想II》所列舉的下列研究成果，或可作爲我們管窺這個領域的方便手段。其中，中村元認爲歐美佛學界的重要成果可如下代表：〔註 22〕

1.6.1 歐美學界

1. M. Walleser, *Die philosophische Grundlage des rlteren Buddhismus*, Heiderberg, 1904.
2. H. Oldenberg, *Buddha, Sein Leben, Seine Lehre, Seine Gemeinde*, herqusg. von Helmuth von Glasenapp, Müchen 1961.
3. P. Oltramare, *La formule bouddhique des douze causes*, Genuve, 1909.
4. L. de La Vallue Poussin, *Thuorie des douze causes*, Gand, 1913.
5. P. Masson Oursel, "Essai d'interpretation de la thuorie Bouddhique des douze conditions", *Revue de l'Histoire des Religions*, Paris, 1915.
6. O. Rosenberg, *Die Probleme der buddhistischen Philosophie*, Materialien Zur Kunde des Buddhismus, Heft 7-8, Heidelberg, 1924. (Russische Ausgabe, Petrograd, 1918).
7. Th. Stcherbatsky: *The Central Conception of Buddhism*, London, 1923.
8. Th. Stcherbatsky: *The Conception of Buddhist Nirvāna*, Leningrad, 1927.
9. E. Frauwallner: *Geschichte der indischen Philosophie* I. Band, Salzburg, Otto Müller, 1953.
10. Govind Chandra Pande: *Studies in the Origins of Buddhism*, Allahabad, Dept. of Ancient History, Culture and Archaeology, University of Allahabad, 1957.
11. Etienne Lamotte: "Die bedingte Entstehung und die hhchste Erleuchtung", *Festschrift Waldschmidt*. (Museum für Indische Kunst Berlin, 1977)

僅就 M. Walleser 一書爲例擇要說明，Walleser 本書的貢獻可說是在於它

〔註 22〕中村元，《原始佛教の思想 II》（東京：春秋社，一九九四年），頁三七九～三八〇。

是最早將初期佛教十二緣起的思想，從難解的傳統解釋中釐清，並且尋求其中深奧的哲學立場。特別是它從認識論的角度解釋名色與觸、名色與識的關係，進而抨擊以名色爲母胎中的胎兒的傳統解釋。由於他的觀點間接地挑戰歷來嚴守阿毘達磨「緣起貫通三世」的傳統說法，因此這種新的解釋未必使學者們完全信服，但是在 Walleser 立論後，類似的觀點在不同文化背景的國度亦被提出〔註 23〕，可見佛教傳統對於緣起的解釋並非是一成不變與無法鬆動的，藉由不同的研究方法與進路的切入，緣起的概念亦能從中獲得詮釋的思想資源，甚至更貼近我們時代的人文社會或科學思想脈動。

此外，上述歐美佛學界的研究，可說是以巴利語佛典爲基礎進行研究；至於日本佛學界方面，由於日語本身早已融入漢文的歷史文化因素，因此對於漢譯《阿含經》的理解，相較於歐美人士來得方便，在初期佛教文獻資料的取材與利用上，也就比歐美佛學界多了一份選擇。不過，上述中村元該書所列舉資料，其成書年代顯然較爲久遠，因而這些研究成果或許可代表早期歐美佛學界在緣起這個議題上的努力，但是卻未必全然涵納晚近以來歐美學界透過詮釋學或現象學等方法解析的研究成果。若要對於緣起有較新義的理解，尚必須加以注意晚近以來藉不同研究方法論的嘗試所帶動的緣起新義。〔註 24〕

除此之外，日本佛學界關於初期佛教「緣起」的研究成果，亦當加以注目。日本自大正末期以來就有許多學者曾詳細論究，對於學界有大大的幫助，以至於今日論及原始佛教緣起說，不免令人覺得大有已被研究殆盡之感。這一方面足以證明初期佛教緣起思想的重要性，另一方面亦「反證」這方面的探討不是那麼容易解決，更需要運用不同的研究方法來發掘緣起思想對於新時代的深義。在日本學界爲數眾多的厚著裡，茲以幾本較爲重要的早期資料爲代表：

〔註 23〕至於泰國的佛使比丘提出「緣起沒有貫通三世」的主張，則可視爲是 Walleser 這種解釋的極端化結論。請參見佛使比丘著，聖諦編譯組、香光書鄉編譯組譯，《生活中的緣起》（台灣：香光書鄉出版社，一九九五年）。

〔註 24〕例如已故的傅偉勳教授援引 Donald S. Lopez 主編的《佛教詮釋學》（*Buddhist Hermeneutics*）一書的靈感，藉用詮釋學考察來對於緣起的議題進行努力。參見傅偉勳，〈關於緣起思想形成與發展的詮釋學考察〉《中華佛學學報第四期》（台北：中華佛學研究所，一九九一年七月），頁一六九～一九九；以及 Donald S. Lopez, *Buddhist Hermeneutics*. Honolulu: University of Hawaii Press.

1.6.2 日本學界

1. 木村泰賢，《原始佛教思想論》：這本書初版於大正十一年（一九二二年），其後又付梓幾次，最後於平成五年（一九九三年）重新修版與添加附錄，刊行於《木村泰賢全集》第三卷。僅就最新版的內容看，其中第五章〈特に十二緣起について〉（頁一九二～二一八）與附錄的〈原始佛教における緣起觀の開展〉（頁三六三～四四七）兩部份皆以緣起思想爲專題，後者並對赤沼智善、宇井伯壽、和辻哲郎等學者對於緣起的看法提出檢討。
2. 宇井伯壽，《印度哲學研究第二卷》：大正十四年（一九二五年）出版，第三章〈十二因緣の解釋〉（頁二六一～二四三）。其中，宇井伯壽認爲緣起支之間乃是「相依性」的關係，雖然此一觀點造成學界不小的迴響，但是並未非形成定論，至今亦有不少學者（例如「批判佛教」學者）們對此提出批評。
3. 和辻哲郎，《原始佛教の實踐哲學》：昭和二年（一九二七年）出版，第二章〈緣起〉（頁二六七～三八六）。和辻哲郎這本書裡，認同宇井伯壽將緣起支之間解釋爲「相依性」觀點，並試圖駁破緣起說並不是如傳統解釋所謂的時間性的因果關係，而是法與法之間的依存關係。由於和辻氏擅長以哲學性思惟寫作，因此本書可說是東方學者從哲學進路處理佛學問題的代表作。
4. 赤沼智善，《原始佛教之研究》：昭和十四年（一九三九年）出版，二、阿含經講話第五章〈四諦與十二緣起〉（頁二二三～二六六）。九、〈十二因緣の傳統的解釋に就いて〉（頁四七五～四九七）。本書分別論述四諦與十二緣起的關係，此外亦就漢譯《阿含經》與巴利尼柯耶關於緣起的資料作整理與對比。
5. 舟橋一哉，《原始佛教思想の研究——緣起の構造とその實踐——》：昭和二十七年（一九五二年）。本書將緣起的構造區分爲「一切法因緣生」與「有情數緣起」兩面向，並且從解脫實踐的思想論述原始佛教思想。

上述幾部日本佛教學者的著作，除了和辻哲郎的哲學進路之外，其餘的研究方法都側重於文獻學方法，但是即使是和辻哲郎的著作，亦運用大量的巴利經文作爲論述的佐證，由此觀察而言，日本佛學界見長於文獻資料的運用，已達相當精細甚至是繁瑣的傾向。上述研究成果外，日本學界在初期佛教的研究領域內亦有不少豐碩成果的研究著作，礙於篇幅所限，不擬在此逐一列舉；不過若僅就緣起的論題與問題而言，大致不出上述作品的論述範圍。至於國內佛學界部分，在此僅就觀察所見，將部分較爲重要的學術研究成果與兩篇學位論文提出介紹。

1.6.3 國內學界

1. 釋印順，《佛法概論》（台北：正聞出版社，一九四九年）。其中，第十章與第十一章是針對緣起思想立論。由於本書流傳與影響國人較廣，而印順法師的佛學思想對於國內佛學研究往往具有指標性的作用，因此就國內（台灣）的初期佛教研究而言，可謂具有啓蒙性的意義。
2. 楊郁文，〈緣起之「此緣性（IDAPPACCAYATĀ）」〉《中華佛學學報第九期》（台北：中華佛學研究所，一九九六年），頁一～三四。本論文首先討論種種緣起說，且評論宇井伯壽將緣起理解「相依性」之錯誤，並且提出應當以「法住性、法定性」理解「此緣性」。
3. 釋悲昱，《《雜阿含經》緣起思想的研究》（香港私立能仁學院哲學研究所碩士論文，一九九五年）。
4. 柳庚女可，《以《阿含經》的緣起法探討佛教的認識及其認識對象》（華梵大學，東方人文思想研究所，二○○○年）。

後兩篇論文是青年學者的碩士學位論文，前者對於十二緣起思想有著較爲全盤性介紹，其整理的資料亦可作爲緣起思想的理解背景；後者則是韓國籍法師的作品，雖然嘗試以「當代哲學架構」藉緣起法探討認識與認識對象的問題，但是字裡行間的哲學性思維似乎不強，不過倒可視爲一種新嘗試。然而，就整體研究比例質與量而言，由於初期佛教的研究向來並非被視爲歷來的研究重心，況且現代學術意義之研究歷程亦較爲晚近，因此與歐美和日本學界相比，國內歷來的初期佛教緣起思想的研究成果，規模也相對地顯得較小。這也意味著，這塊研究領域上仍然存在著發展的空間，需要國內佛學界投入力量。

1.7 論文結構之說明

本研究論文的結構一共分爲七章，除了導論與結論兩章之外，其餘五章乃是本論文的主體部分。至於主體部分的論題，乃是依照《雜阿含》「雜因誦」裡的「緣起相應」、「食相應」、「諦相應」與「界相應」四大主題的思想，分別進行論述。然而，爲了配合本研究論文之思考與論述的方便，我們將這四大主題的思想，分別依「緣起」、「界」、「諦」、「食」思想之順序進行論述。其中的第二章「緣起系列之句型結構分析」，與第三章「『緣起』與『緣已生法』之差別」，這兩篇可視爲是對於緣起概念這個論題發揮，至於第四章到第六章則是以前兩章的論述爲基礎，進一步就緣起概念的一般性意義作探討。今就各章的內容及論題說明如下：

第一章「導論」。主要是說明本論文的研究目的、研究進路、研究策略、研究方法、研究範圍、研究資料、歷來重要研究成果與論文結構。

第二章「緣起系列之句型結構分析」。本章目的在於分析緣起系列之句型結構，並藉此分析的成果作爲理解緣起概念之準備。於（一）「前言」裡，指出緣起之重要性與緣起之難解，進而根據《阿含經》裡佛陀指導羅候羅學習教法的步驟，指出理解「緣起」的適當步驟，可先從「緣已生法」著手。其次，於（二）「『緣已生法』之考察」裡，確立「緣已生法」是「緣」所生，並且說明「緣」與「緣已生法」的名詞詞性。並指出「緣起」這個名詞，意謂著從「緣」而生起「緣起生法」的整體內容。進而，藉由（三）「『緣』之考察」，檢討漢譯與巴利文的十二緣起經文本身的句型結構，指出其易令人誤解之處。最後，於（四）「『緣起』之初步考察」，說明緣起系列的句型結構與雙向進路。指出順觀緣起系列的句型結構爲「緣——緣已生法」，逆觀緣起系列的句型結構爲「緣——（緣已）滅法」，並探討緣起的漢譯與其共通詞彙之間的靈活與柔軟度。於（五）「結論」裡，對於以上討論緣起前的理解基礎進行結語。

第三章「『緣起』與『緣已生法』之差別」。本章的目的即在於藉由前文的研究成果，對於「緣起」與「緣已生法」之差別加以探究，並且嘗試檢視阿毘達磨佛教傳統對於這個問題的看法。本文主要內容如下：首先以（一）「前言」，作爲導論。於（二）「問題之提出」裡，藉由《相應部》〈緣經〉（*Paccaya*）的解讀，提出「緣起」與「緣已生法」之差別的問題，並藉用印順法師的觀點討論這個問題，進而於追溯印順法師的部分觀點於阿毘達磨佛教傳統處。再由（三）「阿毘達磨論書觀點之考察」，以《大毘婆沙論》裡所載的各家觀點爲內容，逐一檢討各家對於「緣起」與「緣已生法」之差別的看法。並於

（四）「結論」裡，本文認爲：或許是甚深的緣起不容易被解釋清楚，因而著重分析學風的阿毘達磨論師們，善巧地將「緣起」理解爲「緣」，並且將「緣起」與「緣已生法」的關係理解爲因果關係。雖然這般讀法有助於讀者容易掌握因果關聯，但是值得提醒的是，我們必須瞭解「緣起」乃是指謂著「（從）緣（而生起）緣已生法」的整體內容，如此才不會因爲它被善巧地詮釋爲「緣」時，反而忽略其深刻且豐富的意涵。

第四章「緣起之界：《相應部》〈緣經〉之界（dhātu）詮釋」。首先，本章於（一）「前言」裡，從「編輯者（對於佛典）之詮釋性」的觀點，推論出《雜阿含》「雜因誦」裡的四個重要主題是「緣起、食、諦、界」。這四個主題雖是各自分立，卻是用以側面表達「緣起」的重要概念，無法切割開來處理，因此當我們論及初期佛教緣起概念時，亦必須將其他三種概念納入討論，如此才能描述出初期佛典編輯者所理解之緣起（因緣）概念的一般性意義。其次，於（二）「相關研究之省察」裡，分別解析從今日學界以至於傳統解釋裡，「界」義被誤解爲「自性」義的問題。這個部分，我們藉由松本史朗的批判佛教立場與問題爲引子，並且檢視平川彰爲代表的觀點，進而對「界」義作考察，提出我們的質疑。進而，於（三）「重新評估《相應部》〈緣經〉（*Paccaya*）之『界』義」裡，我們則是透過文法分析重新解讀《相應部》〈緣經〉之「界」義，指出「界」是指從「緣」到「緣已生法」之範圍義，此範圍呈現緣起系列的整體內容，而有別於《清淨道論》以「緣之自性」解釋「界」的傳統。最後，於（四）「結論」裡，我們爲本文的觀點作一小結。

第五章「緣起之諦」。本章目的在於探討四諦與緣起概念之交涉，並藉上述探討的成果重新詮釋緣起概念之「諦」義。於（一）「前言」裡，指出《雜阿含》的編輯者將「諦相應」與「緣起相應」皆編入「雜因誦」裡，可見兩種主題思想之間，具有本質的共通性。其次，於（二）「問題之提出」裡，指出「四諦是緣起教學之整理」的命題，並依此導出「緣起與四諦如何交涉」與「如何詮釋緣起概念之『諦』義」兩問題。再者，於（三）「緣起與四諦的交涉」裡，藉由初期佛典的經據，分別探討緣起與四諦本身，與四諦之「苦、集、滅、道」各諦，如何交涉。隨後，於（四）「緣起之諦」裡，分析四諦的四重性，並以「編輯者之詮釋性」的觀點，重新解釋緣起概念之「諦」義，並將「諦」詮釋爲「要義」義。最後，於（五）「結論」裡，爲本文作結語。

第六章「緣起之食」。本章目的在於探討「食」與緣起概念之交涉，並藉上述探討的成果重新詮釋緣起概念之「食」義。於（一）「前言」裡，指出本文的主要論題有三：其一，初期佛教所謂的「食」義與通俗意義的「食」有何不同；其二，食與緣起兩者義理如何交涉；其三，如何以緣起概念的角度來理解與詮釋初期佛典編輯者眼中的「食」義。而上述三個論題即是本文的三個主要內容，此外，亦就學界的相關研究成果作一介紹。於（二）「初期佛教之『食』義」裡，指出初期佛教的「食」義，乃是「以六根就食」之解釋，此有別於「以嘴就食」的通俗「食」義。於（三）「緣起與食之交涉」裡，嘗試透過不同種類的緣起系利之對比，並藉此提出「食」支不被列入十二支緣起的問題。於（四）「緣起之食」裡，回答上節的問題，並透過經據論證，因爲「食」義具有「緣」的普遍性意義，因而無法被歸納爲殊異性的「食」支。並且依此結論：動態過程之「食」義，就廣義與譬喻的層面而言，被視爲是緣起概念的一般性意義。於（五）「結論」裡，爲本文作簡短結論。

第七章「結論」。對本文以上論述作扼要回顧，並且予以結論。

2 緣起系列之句型結構分析

摘要

本文目的在於分析緣起系列之句型結構，並藉此分析的成果作爲理解緣起概念之準備。

於（一）「前言」裡，指出緣起之重要性與緣起之難解，進而根據《阿含經》裡佛陀指導羅候羅學習教法的步驟，指出理解「緣起」的適當步驟，可先從「緣已生法」著手。

其次，於（二）「『緣已生法』之考察」裡，確立「緣已生法」是「緣」所生，並且說明「緣」與「緣已生法」的名詞詞性。並指出「緣起」這個名詞，意謂著從「緣」而生起「緣起生法」的整體內容。

進而，藉由（三）「『緣』之考察」，檢討漢譯與巴利文的十二緣起經文本身的句型結構，指出其易令人誤解之處。

最後，於（四）「『緣起』之初步考察」，說明緣起系列的句型結構與雙向進路。指出順觀緣起系列的句型結構爲「緣——緣已生法」，逆觀緣起系列的句型結構爲「緣——（緣已）滅法」，並探討緣起的漢譯與其共通詞彙之間的靈活與柔軟度。

於（五）「結論」裡，對於以上討論緣起前的理解基礎進行結語。

2.1 前言

2.1.1 緣起之重要性

Yo paṭiccasamuppādaṃ passati so dhammaṃ passati, yo dhammaṃ passati so paṭiccasamuppādaṃ passati.

這段文字是舍利弗於巴利《中部》〈象跡喻大經〉（*Mahā-Hatthipadopama*）〔註 1〕裡引述佛陀說過的話，意思為「凡見緣起即見法，凡見法即見緣起」，這裡的「見」（passati）也有認識的意思。由於認識「緣起」（paṭiccasamuppādaṃ），便能認識「法」（dhammaṃ）；反過來說，認識法，便能認識緣起，由此可知「緣起」與「法」存在著密切的關係。但是這段經文，似乎也意味著緣起與法兩者是略有不同的，因而才需要將這兩詞分開陳述，細究之下，這與歷來漢譯《阿含經》往往將「緣起」與「法」兩者並列稱呼為「緣起法」的譯例，說起來總有一點細微的異樣〔註 2〕。然而，略去這些微小差異而不論，若依照上述經文對於兩者的重視，我們實可視「緣起」為佛陀的重要教法。

此外，傳說舍利弗與目犍連兩位法將，於未歸依佛陀前，曾先後聽聞阿說示（Assajji 馬勝）比丘所誦「緣起法頌」〔註 3〕的「諸法因緣生（ye dhammā hetuppabhavā），如來說其因，諸法滅亦然，是大沙門說」詩偈〔註 4〕，隨即見

〔註 1〕 *Majjhima-Nikāya*. vol. I. p.190~191。此外，亦請參見其對照經《中阿含經》〈象跡喻經〉（《大正藏》卷一，頁四六七）。

〔註 2〕 關於「緣起法」的譯例，可參見《雜阿含》二九九經（《大正藏》卷二，頁八五中），或《雜阿含》九六八經（《大正藏》卷二，頁六四九上）。之所以會有這般譯例出現，可推想當初的《雜阿含》譯者並未詳實區分「緣起」與「法」的差異處。

〔註 3〕 諸經典所譯不同，《佛說初分說經》卷下譯為（《大正藏》卷一四，頁七六八中）：「若法因緣生，法亦因緣滅；是生滅因緣，佛大沙門說。」《根本說一切有部毘奈耶出家事》卷二譯為（《大正藏》卷二三，頁一〇二七下）：「諸法從緣起，如來說是因；彼法因緣盡，是大沙門說。」《大智度論》卷十一譯為（《大正藏》卷二五，頁一三六下）：「諸法因緣生，是法說因緣；是法因緣盡，大師如是說。」據巴利《律藏》「大品」（*Vinaya* vol. I. pp. 39~44）、《四分律》卷三十三等，此頌係阿濕卑（巴 Assaji，意譯馬勝，五比丘之一）為舍利弗說佛陀教說之概略，舍利弗聞此而得預流果，與目犍連同歸佛陀門下。又以此法頌安置於塔基、塔內或佛像內，則稱為法身舍利偈或法身偈。

〔註 4〕 *Vinaya* vol. I. p. 40。茲將其巴利語經文摘錄如下："ye dhammā hetuppabhavā tesaṃ hetuṃ tathāgato āha, tesañ ca yo nirodho evaṃvādī mahāsamaṇo' it."，至於漢譯部分請參見《律藏三》（《漢譯南傳大藏經》第三冊），頁五五。

法而得遠塵離垢的「法眼淨」，獲得初階的解脫與證悟。為此，洞察緣起（因緣）乃是解脫的初步，緣起之重要性由此可見一般。

2.1.2 緣起之難解

然而，緣起的實質義涵比它的字義更為難以想像的豐富與複雜，光憑字面意義片面地理解緣起，這將有可能造成難以彌補的誤解。這可由《相應部》「因緣相應」〈因經〉（*Nidāna*）裡，阿難以略帶不解的語氣認為佛陀屢屢教誡的「甚深而且深遠」（gambhīra gambhīravabhāsa）之緣起實是淺顯與無奇時，卻遭佛陀兩次勸誡「勿作是言」並且提醒緣起甚深，凡是未實際證悟者很難徹見之。如經云：

> 坐於一面之阿難，白世尊言：「大德！是稀有，大德！是未曾有。大德！此緣起所見甚深而且深遠，然我觀見，如明明白白者。」「阿難！勿作是言。阿難！勿作是言。阿難！此緣起所見甚深而且深遠。阿難！因未證此法，由於不知，如是，此如纏索之眾生，被腫物所覆之眾生，如文若草、燈心草之之有情，不脫苦處、惡趣、無樂處之輪迴。」〔註5〕

由此看來，兩千五百年前佛弟子難以徹解的緣起，就算是現代學人要完全徹見它，也不是那麼容易。為此，在「見與不見」之間，請務必先原諒本文的「不見」之處。為了對於佛陀所說且為歷代大德所傳持、集結、編輯之初期佛典裡的緣起教導盡可能地減少錯解，在此我們非常有必要由簡至繁地對於相關的字（word）、詞（term）、句（sentence）以及概念（concept）在種種細節上予以瑣細、縝密而反覆地追問與省察，如此才能為我們隨後所討論的緣起概念奠定良好的理解基礎。

2.1.3 理解緣起之適當步驟

甚深的緣起是這麼地難解，而造成人們難以認識緣起的原因之一，就在於找不到理解緣起之適當步驟。關於這個適當的步驟，《雜阿含》二〇〇經則提出可供參考的建議方案〔註6〕。經文內容提到羅候羅請佛陀為他說法，以便「獨一靜處，專精思惟，不放逸住」，進而勤修梵行證得解脫涅槃。但是佛陀

〔註 5〕 *Saṃyutta-Nikāya* vol. II. p. 92。漢譯引自《相應部二》，《漢譯南傳大藏經》第十四冊，頁一一〇。

〔註 6〕 《雜阿含》二〇〇經，《大正藏》卷二，頁五一中。

觀察羅候羅「心解脫智未熟」而「不堪任受增上法」，於是請他再三為他人次第講解「五受蘊」、「六入處」與「尼陀那法」，藉由教學相長的互動來加深基礎法義的認識，並且教導他對於「上所說諸法，獨於一靜處，專精思惟，觀察其義」。當羅候羅對於上所說諸法用功地思惟稱量與觀察其義，並且認識到「此諸法一切皆順趣涅槃、流注涅槃、後住涅槃」時，此時，佛陀觀察到羅候羅「心解脫智熟」而「堪任受增上法」，於是為羅候羅開示「一切無常」的增上法，深刻地為羅候羅演說「眼」（六處）、「色」（六塵）、「眼識」（六識）、「眼觸」（六觸）等一切皆是無常。經文結尾則提到羅候羅聽聞佛陀教導後，「獨一靜處、專精思惟、不放逸住」並證得阿羅漢。從《雜阿含》二〇〇經的啓發，可以如下步驟理解佛陀的教法：

五受蘊 → 六入處 → 尼陀那法 → 一切無常

上述的「尼陀那」（nidāna）即是「因緣」，而緣起（paṭiccasamuppāda）一詞，古時也譯為因緣，例如漢譯《阿含經》裡將「十二緣起」又叫做「十二因緣」，就是這個原因〔註7〕。由於因緣（nidāna）也有指涉緣起的意思，所以巴利《相應部》中，有「因緣品」（Nidāna-Vagga），其中有「因緣相應」（Nidāna-Saṃyutta），而此「因緣品」集錄了與緣起相關之經典，尤其是「因緣相應」共有九十三經，全部都是談論緣起之經文〔註8〕。由此可知，尼陀那也被使用與緣起同意義。可是尼陀那卻於緣起外另有其它意思，它也指佛陀與佛弟子的「本生因緣」，但這部分與本文的討論範圍無直接交涉，對此並無意涉及。

這裡的「五受蘊」（pañca upādāna-kkhandhā）或譯為「五取蘊」，概指色取蘊、受取蘊、想取蘊、行取蘊、識取蘊等，亦即當「色、受、想、行、識」等五蘊處於執著與煩惱的狀態時，即稱為五取蘊。五取蘊即五蘊的煩惱狀態。這裡的「六入處」（saḷāyatana）或譯為「六處」，經典裡概以「眼、耳、鼻、

〔註7〕例如《雜阿含》五九〇經（《大正藏》卷二，頁一五六下）提到：「於十二因緣逆順觀察。所謂是事有故是事有，是事起故是事起。謂緣無明行」，但是同樣是《雜阿含》三六九經（《大正藏》卷二，頁一〇一中）提到：「於十二緣起逆順觀察。所謂此有故彼有，此起故彼起。緣無明行」，可見就古代譯師的理解而言，十二緣起與十二因緣，或緣起與因緣等詞是相通用的。此外，略值得注意的是，平川彰指出巴利的初期佛典裡，包括五部《尼柯耶》、《律藏》與《論藏》等，都不曾出現十二緣起一詞。參見平川彰，《法と緣起》（東京：春秋社，一九九二年五月第三刷），頁四〇一～四〇二。由此可推想，「十二緣起」一詞應該是晚近成立的。

〔註8〕*Saṃyutta-Nikāya* vol. II. p. 1~133。漢譯《相應部二》，《漢譯南傳大藏經》第十四冊，頁一～一六六。

舌、身、意」六種感官器官或能力稱爲六處，意味著我們認識世間的六種通道，然就這意義而言也稱爲「六入」。

依照《雜阿含》二○○經裡佛陀指導羅候羅學習教法的步驟，先行認識「五蘊」的煩惱狀態，以及理解我們藉以認識世間的「六入」通道，這的確是理解緣起之前的重要基本功課，若忽略這道程序而直接討論緣起本身的問題，則結果往往事倍功半。爲了順利探究緣起概念，我們必須於上述的學習步驟裡，分辨五蘊與六處於佛法義裡的類別，才能遂行討論。因爲就學理的探討而言，這是清楚說明緣起之不可或缺的關鍵。

2.1.4 五蘊、六處於法義裡的類別

五蘊與六處於法義裡的類別，當該歸類於佛陀所說的何種教法呢？這點我們可從《雜阿含》二九六經提到「緣生法」的內容初步找到線索。經云：

> 云何緣生法是？謂無明、行……是名緣生法。謂無明、行、識、名色、六入處、觸、受、愛、取、有、生、老、病、死、憂、悲、惱苦，是名緣生法。〔註9〕

《雜阿含》二九六經提出以十二緣起爲主要部分的十二支緣生法。若先暫時把《雜阿含》二九六經裡前後的「無明」與「愛、取、有、生、老、病、死、憂、悲、惱苦」等項略去不論，則「緣生法」可劃分爲「行、識、名色、六入處、觸、受」等六項。若把這六項再與「五蘊」、「六處」的名稱對照如下，將可發現五蘊與六處完全是緣生法的範圍，但除「想」蘊外。

> 緣生法：行、識、名色、六入處、觸、受。
>
> 五　蘊：色、受、想、行、識。
>
> 六　處：六處。

但是《阿含經》對於「名」（nama）的解釋，不論是漢譯《雜阿含》二九八經所云〔註10〕，或是巴利《相應部》的〈分別經〉（*Vibhaṅgaṃ*）所云〔註11〕，兩者皆將「想」視爲是「名」的內容。換言之，「六處」與包括想蘊在內的「五

〔註9〕《大正藏》卷二，頁八四中。

〔註10〕《雜阿含》二九八經：「云何名？謂四無色陰，受陰、想陰、行陰、識陰」。《大正藏》卷二，頁八五中。

〔註11〕*Saṃyutta-Nikāya*. vol. II. p. 3。原文爲 "Katamañca bhikkhave nāmarūpaṃ. Vedanā saññā cetanā phasso manasikāro, idam vuccati nāmaṃ"。漢譯經文參考《相應部二》經（《漢譯南傳大藏經》第一四冊，頁四）：「諸比丘！何爲名色？受、想、思、觸、作意，以此謂之名」。

蘊」皆是緣生法，無一例外。同樣於《相應部》「蘊相應」〈阿難經〉（*ānanda*）裡亦提到：

> 色（rūpa）是無常、有爲、緣已生、破壞之法、滅盡之法、離貪之法、滅法。彼之滅故説是滅。
>
> 受（vedanā）是無常、有爲、緣已生、破壞之法、滅盡之法、離貪之法、滅法。彼之滅故説是滅。
>
> 想（saññā）是無常、有爲、緣已生、破壞之法、滅盡之法、離貪之法、滅法。彼之滅故説是滅。
>
> 行（saṅkhārā）是無常、有爲、緣已生、破壞之法、滅盡之法、離貪之法、滅法。彼之滅故説是滅。
>
> 識（viññāṇa）是無常、有爲、緣已生、破壞之法、滅盡之法、離貪之法、滅法。彼之滅故説是滅。〔註 12〕

在此提到色、受、想、行、識「五蘊」皆是「緣已生」（paṭiccasamuppanna），從這點而言，可見緣生法的範圍極爲廣泛，除一般我們所熟知的十二緣起裡的十二項緣生法之外，五蘊亦是緣生法。依此推之，先行理解「緣生法」裡的五蘊與六處，或是先行理解五蘊與六處等「緣生法」，這將有助於我們理解「緣起」。這是《雜阿含》二〇〇經裡佛陀給予我們的建議，也是本文正式討論「緣起」之前的初步工作。

2.2 「緣已生法」之考察

2.2.1 paticca-samuppanna dhamma 釋義與漢譯

談到「緣生法」，我們聯想到的巴利文是 paṭiccasamuppanna dhamma，梵文是 pratītyasamutpanna dharma。暫時將法（dhamma）略去不論，不論是巴利文或是梵文，它們皆是由二個字、三個部分所組合成的。在此以巴利語的 paṭicca-samuppanna 爲例，亦即：paticca 加上 sam 與 uppanna。若細部分析，paticca 乃是不變語（nipāta, particle），可視之爲連續體（gerund）的副詞〔註 13〕；

〔註 12〕*Saṃyutta-Nikāya*. vol. III, pp. 24~25。漢譯經文請參考《相應部三》，《漢譯南傳大藏經》第一五冊，頁三五。

〔註 13〕水野弘元，《パーリ語文法》（東京：春秋社，一九九六年四月第九版），頁一四〇、一四二。

它有藉由緣，憑藉、依存或因某某理由之意〔註 14〕。而 samuppanna 一字爲接頭詞 sam 加上 uppanna 所成，sam 爲共同、一起或集合之意，所以意味著多數或複數〔註 15〕。而 uppanna 爲分詞，它是 uppajjati 這個動詞的過去受動分詞〔註 16〕，若從時間義而言，其意爲「已生起」，若從主客的能所義而言，其意爲「所生起」。因此，若以字面意義看，paṭiccasamuppanna 爲形容詞，意即「緣已生起的」或「緣所生起的」〔註 17〕。將之擴大到 paṭicca-samuppanna dhamma 一語解釋，它即意味著「緣已生起的法」或「緣所生起的法」。

就近代學術意義而言，初期佛教研究是肇始於百年前西方學者接觸錫蘭佛教，進而從巴利文研究進入巴利聖典研究。這種研究盛行於英、德、法等國，十九世紀末傳入日本後才漸及於我國。在這之前，我國學者既不知巴利佛教聖典存在，亦不瞭解巴利佛教聖典與歷來被習稱爲「小乘經」的漢譯《阿含經》相類似。歷來漢地所據以譯爲「緣生法」的原文，應推知是梵文 pratītyasamutpanna dharma 轉譯而來，但此詞在漢地有著不同的譯名，除了譯爲「緣生法」之外，或也譯爲它詞。例如《中阿含經》第八六經〈說處經〉云：

> 阿難。我本爲汝說因緣起及因緣起所生法。〔註 18〕

如《雜阿含經》二九六經云：

> 爾時。世尊告諸比丘。我今當說因緣法及緣生法。〔註 19〕

而漢譯阿毘達磨的論藏裡或也將之譯爲「緣已生法」，如《阿毘達磨俱舍論》云：

> 若有苾芻，於諸緣起緣已生法，能以如實正慧觀見，彼必不於三際愚惑。〔註 20〕

本文爲了行文方便起見，與突顯漢譯「緣生法」在文法上的時態，若無特別

〔註 14〕水野弘元，《パーリ語辭典》（東京：春秋社，一九八九年十一月二訂版），頁一五九。

〔註 15〕水野弘元，《パーリ語辭典》（東京：春秋社，一九八九年十一月二訂版），頁二七五。

〔註 16〕水野弘元，《パーリ語辭典》（東京：春秋社，一九八九年十一月二訂版），頁六九。

〔註 17〕雲井昭善，《パーリ語佛教辭典》（東京：山喜房佛書林，一九九七年），頁五三八。

〔註 18〕《大正藏》卷一，頁五六二下。

〔註 19〕《大正藏》卷二，頁八四中。

〔註 20〕《大正藏》卷二九，頁四九上。

標示者，我們一律採取時間義的「緣已生法」通稱之。

2.2.2 緣已生法的數目與屬性

關於緣已生法的數目，於《雜阿含》二九六經裡，總共提到「無明、行、識、名色、六入處、觸、受、愛、取、有、生、老、病、死、憂、悲、惱苦」等項。若將其中的「老、病、死、憂、悲、惱苦」等納入「老死」項內，則形成我們所熟知的十二緣起或十二因緣裡面的十二支（aṅga）「緣已生法」。但是南北傳初期佛典裡，緣已生法的支數並不是固定的，從一支到十二支，甚至提到十二支緣已生法以上的經典亦不少，甚至之前所談及的「五蘊」亦屬於緣已生法的範圍，可見這是端看佛陀說法的對象與時節機緣而異。

雖然緣已生法的數目不是固定的，但是就緣已生法的屬性而言，彼此卻是相同的。這點我們可從《雜阿含》二九六經的對照經，亦即從《相應部》的〈緣經〉（*Paccaya*）看得更清楚。如經云：

> 諸比丘！何爲緣生之法（緣已生法）耶？諸比丘！老死是無常、有爲、緣已生、滅盡之法，敗壞之法，離貪之法，滅法。
>
> 生…有…取…愛…受…觸…六處…名色…識…行…無明是無常、有爲、緣已生、滅盡之法，敗壞之法，離貪之法，滅法。諸比丘！此等謂之緣已生法。〔註21〕

前後兩經對照，若把「老、病、死、憂、悲、惱苦」納入「老死」一項，可發現兩者所論及的緣已生法，內容有「無明、行、識、名色、六入、觸、受、愛、取、有、生、老死」等十二支。包括無明在內的十二支，這些都是「緣已生」或「緣所生」的「法」（dhamma）。

此外，前後對照裡，《雜阿含》二九六經以順觀的順序表示緣已生法，但是《相應部》〈緣經〉則以逆觀的順序表示緣已生法，並且後者對於無明等十二項的緣已生法更提出七種說明。細分這七種說明，又可爲三種屬性與四種法，亦即：(1)無常（anicca）；(2)有爲（saṅkhata）；(3)緣已生（paṭiccasamupanna）；(4)滅盡之法（khayadhamma）；(5)敗壞之法（vayadhamma）；(6)離貪之法（virāgadhamma）；(7)滅法（nirodhadhamma）。

就前三項而言，顯然是從變動的進路，說明緣已生法的屬性是無常的、

〔註21〕*Saṃyutta-Nikāya* vol. II, pp. 25~28。漢譯請參見《相應部二》，《漢譯南傳大藏經》第十四冊，頁二九～三〇。

有為的與藉緣而生起的。就後四項而言，則是從「所有集法皆是滅法」〔註 22〕（yaṃ kiñi samudaya-dhammaṃ, sabbaṃ taṃ nirodha-dhammaṃ）觀點，解釋「緣已生法」一詞亦涵納滅盡之法、敗壞之法、離貪之法與滅法等四種法。這是因為「緣已生法」亦不離緣起的理則：凡是藉著原因（因緣）而生起者，皆會因為其原因的失去而消滅。由此可見，緣已生法是總括「集法（緣已生法）與滅法（緣已滅法）」的代名詞，其實質意涵不只包括無明等十二項之緣已生法，更包括無明等十二項之滅盡之法、敗壞之法、離貪之法與滅法。就時間變遷的意義而言，「緣已生法」所要說明的正是那些已然呈現於時空中的某種事物生滅的狀態。

此外，從因果關係而論，緣已生法是「緣」所生的結果；若推溯其原因，當可推溯到促成緣已生法的原因，這個原因就是所謂的「緣」。以「無明緣行，行緣識」（avijjāpaccayā saṅkhārā, saṅkhārapaccayā viññāṇaṃ）的緣起系列為例，「行」與「識」的關係是「緣」與「緣已生法」的關係，換言之，「緣已生法」之「識」是從「行之緣」（saṅkhārapaccayā）而生起的。必須留心的是，這裡的「緣」（paccaya）作名詞解，而「緣已生法」亦作名詞解。此外，雖然「行」相對於「識」而言，「行」是「緣」，「識」是「緣已生法」。但是「行」相對於「無明」而言，「行」卻是「緣已生法」，「無明」是「緣」。換言之，緣起系列內每一相關的前項與後項的關係，乃是「緣」與「緣已生法」的關係。

2.3 「緣」（paccaya）之考察

2.3.1 澄清幾點問題

然而，論及「緣」（paccaya）義時，需要先行澄清幾點。首先，巴利佛典論及緣起系列的經文，雖然可藉由文法分析解讀各緣起支的「數」（number），例如從巴利文 avijjāpaccayā saṅkhārā（〔從〕無明緣〔生起〕諸行）可分析出 saṅkhārā 是陽性複數主格，但是就漢譯初期佛典的譯例而言，或許歷代譯師注重文藻潤飾效果與簡練樸實風格，因而在譯文的表現上不將 saṅkhārā 譯為「諸行」，反而略去「諸」字，直接以「行」譯之。然而，從現代語感的角度，解讀漢譯「無明緣行」一語時，容易誤解為：緣起系列乃是從單支生起單支的

〔註 22〕*Vinaya* vol. I. p. 11; *Saṃyutta-Nikāya* vol. V. p. 423.

關係。但是佛陀所說的「緣」，並不是孤緣之力即可生起果，而是諸緣和合才能生起果。以「無明緣行，行緣識」的緣起系列為例，從無明支到行支生起，或從行支到識支生起，就其漢譯經文看來，的確是從單支到單支的緣起；但是為了避免落入佛陀所批判的「自生」與「他生」見，就法義的實質義涵而言，每支都應該解讀為代表「諸緣」的共相，才能契合佛陀所教的「諸法因緣生」。

同樣的觀點也可以補充巴利經文裡可能被忽略的意涵。以巴利文 avijjāpaccayā saṅkhārā（〔從〕無明緣〔生起〕諸行）為例，avijjā 以語幹（stem）型態表示，而 paccayā 或可解析為從格（ablative）。但是若因此將整句解釋為「諸行」從單一的「無明」生起，這樣的解釋不免又令人以一元生起的「基體論」解釋之。但是就佛教觀點而言，孤緣是無法生起果，必須是諸緣聚合才能生起果。若依文解義，單純地認為「諸行」是從單一的「無明」生起，這顯然就不符合「諸法因緣生」的實況。必須是「無明（之）緣」與其它「緣」相聚合，才能生起「諸行」。不過，若我們將十二緣起支的各項（無明、行、識、名色等）視為是不同階段裡側重的代表，且不忽略尚有其它隱而不現的「緣」與之聚合，如此才能避免「望文」（不論其為梵、巴利語或漢譯經文）「生義」的窘境。

其次，另一個容易引起的誤解，即讀者可能將漢譯「無明緣行」裡的「緣」字，非刻意性地「誤讀」為「動詞」，反而誤解成：「無明」緣著「行」而生起；或者解釋成：「行」緣著「無明」而生起〔註23〕。後者的解釋還算不失原意，至於前者的解釋則甚為離譜，但不論是何種譯法，如果缺乏詳細解說，很容易產生不必要的誤解〔註24〕。按巴利文 avijjāpaccayā saṅkhārā（〔從〕無

〔註23〕例如，陳銚鴻將這段十二緣起的經文譯成：「行緣無明；識緣行；名色緣識；六入緣名色；觸緣六入；受緣觸；愛緣受；取緣愛；有緣取；生緣有；有生則有老、死、痛苦、哀愁、苦難、惱喪與困擾」。參見 David J. Kalupahana 著，陳銚鴻譯，《佛教哲學：一個歷史的分析》（香港：佛教法住學會，一九八四年），頁二六。就字面看來，這正好與玄奘的「無明緣行」譯法完全翻轉過來，若僅是望文生義，其實可見「緣」字的解釋存在著甚大的差距。

〔註24〕這種誤解的產生，乃是因為漢語的文言文的主詞（主語）和謂詞（謂語）之間，用不著繫詞，不像白話文非有個繫詞「是」不可。可是一旦繫詞被省略了，主詞與謂詞之間就容許極大的詮釋變數。關於繫詞省略可能造成的影響與問題，請參見許世瑛，《中國文法講話》（台北：台灣開明書店，一九六二年），頁二、三；王力，《中國現代語法》上冊（台北：藍燈文化事業公司，一九八七年），頁二三二；《中國現代語法》下冊，頁三一四。

明緣〔生起〕諸行）一句裡，它雖然將存在動詞 hoti 省略，但還是可以達意。而 avijjāpaccayā（無明緣）一詞是由 avijjā 與 paccayā 兩詞複合而成，它本身就是複合名詞，可將之解釋爲「無明（之）緣」。其中，以文法分析，paccayā 可解析爲陽性單數從格的名詞，因而 avijjāpaccayā 可解釋爲「（從）無明（之）緣」〔註 25〕。但 paccayā（緣）主要還是名詞詞性，並非一般華語讀者所理解的「動詞」詞性。〔註 26〕

除此之外，漢譯初期佛典裡，各代譯師對於緣起系列句型的譯法並未統一，不同的風格所表現的句型結構，也就代表有著不同的詮釋觀點於其中。這一方面，正是語言的無常性所致，因爲它並非是疏離於時間的人類文化產物，勢必會隨順人類歷史文化結構的變遷而內化，並且外化於我們用以表達意義的句型結構。除非我們重新透過現在的語法去理解、分析與詮釋這些沉澱於古老歷史的語言蘊積層，否則很難重現緣起概念可能被忽略的意涵。

然而，這裡問題在於，歷來我們所理解的「緣」義，正是透過漢譯過程裡漢語文化的柔焦鏡認識，爲此有必要先行對於這面既親近又難以時時察覺

〔註 25〕荻原雲來將這段經文日譯爲「無明の緣より行あり」，就此而言，可見他傾向於將 paccayā 解釋爲名詞，並且以「より」的助詞表現它的從格特色（參見日譯《增支部經典一》，《南傳大藏經》第十七卷，頁二八六）。但是這樣的譯法並不見得其他位於日本佛學界的學者也使用，例如相同的經文，林五邦則將之日譯爲「無明に緣りて行あり」，這顯然是將 paccayā 解釋爲動詞（參見日譯《相應部經典二》《南傳大藏經》第十三卷，頁三）。相較之下，Bhikkhu Bodhi 將之英譯爲 "with ignorance as condition, volitional formation (come to be)"，在語感上 "with ignorance as condition" 與荻原雲來譯的「無明の緣より」就較爲貼近巴利文 avijjāpaccayā 的名詞從格屬性。（參見 Bhikkhu Bodhi, *The Connected Discourses of the Buddha*. vol. I., Wisdom Publications, 2000. p. 534.）

〔註 26〕西方漢學家 Chad Hansen 認爲，古典漢語並沒有遵循嚴格的語法結構，亦即根據主詞、繫詞和謂詞的位置分別排列形成完整句，而是將句子中的繫詞給取消，並以主詞、謂詞易位或並列的方式，表答出作者的本意。這樣的用法本身處於一種曖昧的狀態，允許一種或多種的詮釋方式，用以填補完整句子中被取消掉的繫詞；因此，相對於處處要求清晰明確的哲學而言，它缺乏嚴謹的確定性，除了將使文義變得含糊外，也可能因此而潛存各種詮釋的變數。參見 Chad Hansen, "Chinese language, Chinese Philosophy, and 'Truth'.", *Journal of Asian Studies*, vol. XLIV. NO.3, May 1985, pp. 491~519。這樣的例子亦見於《孟子》提到「孟子道：『性善』」的用例，其中若將「性善」看待爲一句缺乏繫詞的命題，則完整句型可表示爲「性是善」，其中「性」是主詞，「善」是謂詞，而作爲中間繫詞的連綴動詞「是」則隱沒不見。在此「繫詞」缺席的情況下，歷來學者對於孟子「性善論」的詮釋，便容許相當大的詮釋空間，如「人性向善論」、「人性本善論」或「人性是善論」。

的濾鏡作探討。當我們對於漢語「緣」義的古典用法有基本理解後，再談論印度佛典於漢譯過程中被過度柔焦而造成的視距差異，這將有助於成功地辨別這兩種語系在語法使用上的差異。

2.3.2 漢語佛典之「緣」義

但是面對浩瀚的漢文典籍，若要逐句找出「緣」例的用法，這顯然費事費力，於此我們藉《漢語大字典》所整理的「緣」義和例句作爲佐助即可。按漢語裡幾種出現的「緣」義可如下解釋〔註27〕。以「緣」作名詞用，有「有器物的邊沿」的邊緣義，如唐李商隱《贈子直花下》：「屏緣蜨留粉，窗油蜂印黃」。

以「緣」作介詞用，則表示原因，相當於「因爲」、「由於」，如《玉篇・糸部》：「緣，因也」；如《廣韻・仙韻》：「緣，緣由也」；如《楚辭・天問》：「緣鵠飾玉，后帝是饗」；如宋王安石《登飛來峰》：「不畏浮雲遮望眼，自緣身在最高處」。

以「緣」作動詞用，則有較爲豐富的義涵，諸如(1)圍繞、纏繞義：如《水經注・江水二》：「江陵城地東南傾，故緣之以方城。」(2)攀援、攀登義：如《孟子・梁惠王上》：「以若所爲，求若所欲，猶緣木而求魚也。」(3)牽連義：如《新唐師・韋思謙傳》：「小則身誅，大則族夷，相緣共坐者庸可勝道？」(4)循、順、沿義：如《廣雅・釋詁四》：「緣，循也」；如《韓非子・解老》：「夫緣道理以從事者無不能成」；如《南史・宋本紀中》：「緣江六七百里舳艫相接」。(5)憑藉、依據義：如《荀子・正名》：「徵知，則緣耳而知聲可也，緣目而知形可也。」(6)或作「弓用生絲纏繞然後漆飾」義：如《爾雅・釋器》：「弓有緣者謂之弓，無緣者謂之弭。」

雖然漢譯阿含經提及「緣起」時，往往也同巴利語的初期佛典一樣談到十二緣起的集或滅，但是在文法上，彼此對於「緣」（paccaya）義的解讀卻存在著略爲不同的差異。特別是彼此對於「緣」義「詞性」觀點的不同，從而導引出各自的詮釋。爲了說明這個差異，最佳的方式莫過於先後對照漢巴兩語系裡彼此內容相當的緣起經文，並以文法解析之。但是漢譯的十二緣起句型並未統一，若由簡入繁而舉其要者說明，我們選出三位譯師的三種譯文作

〔註27〕引用自《漢語大字典》（台北：建宏出版社，一九九八年十月初版一刷），頁一四三〇～一四三一。

爲代表。首先，看到譯師求那跋陀羅（Guṇabhadra）譯的《雜阿含》二九三經。如經云：

> 緣無明行，緣行識，緣識名色，緣名色六入處，緣六入處觸，緣觸受，緣受愛，緣愛取，緣取有，緣有生，緣生老、死、憂、悲、惱苦，如是如是純大苦聚集。〔註 28〕

另外，玄奘法師譯《緣起經》裡，關於十二緣起句型的譯法也值得參考。這種句型亦見於《增壹阿含》的經例〔註 29〕，但是《增壹阿含》在緣起支的名稱上或有出入，分別以「更樂、痛、受」三詞替代我們慣見的「觸、受、取」三支。玄奘法師譯〈緣起經〉云：

> 無明緣行，行緣識，識緣名色，名色緣六處，六處緣觸，觸緣受，受緣愛，愛緣取，取緣有，有緣生，生緣老死起愁歎苦憂惱，是名爲純大苦蘊集。〔註 30〕

最後，從僧伽提婆（Saṃghadeva）所譯的《中阿含》二〇一經的〈荼諦經〉來看，譯者的設想顯然比上述兩者更爲周到，清楚地把緣起前後兩支的主客關係交待清楚。〈荼諦經〉云：

> 緣無明有行。緣行有識。緣識有名色。緣名色有六處。緣六處有更樂。緣更樂有覺。緣覺有愛。緣愛有受。緣受有有。緣有有生。緣生有老死、愁慼、啼哭、憂苦、懊惱。如是此等大苦陰生。〔註 31〕

藉上述三位譯師的三種漢譯「十二緣起」爲例，我們試著檢討一二。由於古典漢語對於主詞（subject）與謂詞（predicate）的位置並非那麼絕對的固定，因而連繫兩者之間動詞也就往往模糊不現。就此而言，求那跋陀羅（Guṇabhadra）於《雜阿含》二九三經的「緣無明行」譯文可以說是較難解的，究竟主詞是「緣」或是「無明」呢？但有沒有可能更是「行」呢？以現代人的眼光解讀這裡的漢譯經文，若不參考任何註解與梵本原文，不管是何種的理解方式，都很難避免諸如「下雨天留客天客留我不留」〔註 32〕之類句

〔註 28〕《大正藏》卷二，頁八三下。

〔註 29〕「無明緣行，行緣識，識緣名色，名色緣六入，六入緣更樂，更樂緣痛，痛緣愛，愛緣受，受緣有，有緣生，生緣死，死緣愁、憂、苦、惱，不可稱計，如是苦陰成此因緣」。參見《大正藏》卷二，頁七一三下。

〔註 30〕《大正藏》卷二，頁五四七中。

〔註 31〕《大正藏》卷一，頁七六八上。

〔註 32〕例如可以斷句爲「下雨天，留客天，客留？我不留。」或「下雨，天留客，天客留我不？留」。

子，將依標點斷句的落著處不同而衍生多元的解釋，甚至是彼此悖反的結論。〔註 33〕

此外，玄奘法師譯《緣起經》的「無明緣行」譯文，與下文我們將提出討論的巴利經文相對照，可說是逐字直譯毫不含糊，這可見梵本原文與巴利經文應該差距幾微。雖然玄奘法師這種譯法的優點在於他能夠嚴守梵本的句型結構，但是由於玄奘法師把經文漢譯成與梵本句型一模一樣，所以當梵本以略說的語法將類似巴利文的存在動詞 hoti 隱而不現時，這段短短的漢譯經文也就找不到動詞。在這種情況之下，受到漢語語法影響的我們，也容易把《緣起經》「無明緣行」譯文裡的「緣」理解爲動詞，而不是以「名詞」解讀之。雖然這種理解帶著不同於原味的另類風貌，但是缺點在於難以分辨主詞之（無明）「緣」與謂詞（行）之「緣已生法」的實際差別。

但是，相較於玄奘法師的《緣起經》譯文，從僧伽提婆（Saṃghadeva）的《荼諦經》「緣無明有行」譯文裡，雖然能夠清楚地分析出主詞是「無明」，存在動詞是「有」，謂詞是「行」，但是由於將「緣」視爲介詞的「由於」義與「因爲」義，這反而大大地削弱了「緣」本身具備的名詞作用，從而讓人難以分辨出「緣」與「緣已生法」這兩個名詞或概念的實際差別。

2.3.3 巴利語 paccaya 之解讀

至於與漢譯十二緣起相同句型的巴利經文，可見於《相應部》的〈法說經〉（*Desanā*）。我們以此內容作爲對照組，並分別以(1)直譯、(2)現代語譯兩種方式翻譯巴利經文。直譯是逐字對譯於巴利經文而不作任何增添；現代語譯則是在不妨礙原意的前題下，以我們現代通用的口語語法揉譯，藉由適當文字的增添來突顯完整的句型結構。希望這樣的對照能夠爲我們討論的問題提供較爲清晰的思路。如《相應部》的〈法說經〉（*Desanā*）云：〔註 34〕

Avijjāpaccayā bhikkhave saṅkhārā, saṅkhārapaccayā viññāṇaṃ,

〔註 33〕其中之一的理解方式是，把「緣無明行」的「緣」當作是繫詞，將之解釋爲動詞的「憑藉」義與「依據」義；若這樣解釋，則主詞應該是「行」，謂詞是「無明」，整句的意思就是「行憑藉無明」。另一種理解方式是，把「緣」當作主詞，將「無」當作繫詞，將「明行」當作謂詞；整句話的意思就是「緣沒有明行」。各種可能的解釋，將會因爲斷句的不同與詮釋觀點的差異而出現。

〔註 34〕*Saṃyutta-Nikāya* vol. II, pp. 1~2。漢譯請參見《相應部二》，《漢譯南傳大藏經》第十四冊，頁一～二。

viññāṇapaccayā nāmarūpaṃ, nāmarūpapaccayā saḷāyatanaṃ, saḷāyatanapaccayā phasso, phassapaccayā vedanā, vedanāpaccayā taṇhā, taṇhapaccayā upādānaṃ, upādānapaccayā bhavo, bhavapaccayā jāti, jātipaccayā jarāmaraṇaṃ soka-parideva-dukkha-domanassupāyasā sambhavanti. Evam etassa kevalassa dukkhakkhandhassa samudayo hoti.

(1) 直譯：（諸比丘！無明緣行，行緣識，識緣名色，名色緣六處，六處緣觸，觸緣受，受緣愛，愛緣取，取緣有，有緣生，生緣老死，愁歎苦憂惱起，是名爲純大苦蘊集。）

(2) 現代語譯：（諸比丘！從無明之緣而生起行，從行之緣而生起識，從識之緣而生起名色，從名色之緣而生起六處，從六處之緣而生起觸，從觸之緣而生起受，從受之緣而生起愛，從愛之緣而生起取，從取之緣而生起有，從有之緣而生起生，從生之緣而生起老死、愁、悲、苦、憂、惱。如是，此乃全苦蘊之集。）

從直譯的部份看，它與先前玄奘法師譯〈緣起經〉的緣起系列的句型結構是相同的。但是巴利文將存在動詞 hoti 省略不見，一旦直譯爲漢文時也就找不到動詞，這將導致詮釋的不確定性。

若就現代語譯部份進行文法分析，以「從無明之緣而生起行」爲例，我們可以發現主詞是「無明之緣」、動詞可以巧設爲「生起」、謂詞是「行」。至於在巴利經文提到「無明之緣」（avijjāpaccayā）以至於「生之緣」（jātipaccayā）等十一支「緣」（paccaya）時，巴利文法皆以「單數、名詞、從格」表示。換言之，巴利經文裡「緣」（paccaya）這個詞，雖然它具備「從格」的性質，但是其基本的文法型態卻還是名詞，這點與我們傾向於將漢譯經文的「緣」義解讀爲動詞義，便顯然有所不同。

在此只要指出，因爲不同的理解進路將導致不同的認知觀點，而其所衍生的結果亦會隨之丕變。若我們未能先行區分「緣」與「緣已生法」等名詞之別，這就意味著對於緣起系列之句型結構理解不夠清晰，而在理解度不足的情況之下，若逕行將「緣」義片面地解釋爲名詞之外的動詞或介詞，則結局往往因爲柔焦過度而模糊不清，而使得我們對於「緣起」本身的理解，會猶如霧中看花般地充滿另類的失真之美感。然而，相對地這亦將導致我們討論「緣起」思想之諸種問題時，難以在學理的要求上提出清晰明白的界定。

2.4 「緣起」之初步考察

2.4.1 paṭicca-samuppāda 釋義

從思想與代表那種思想的術語的關係來看，應該是先有思想產生，然後才產生代表那種思想的術語。因此我們可以這樣設想，「緣起」這個術語並不是從其思想成立之初就有的，只是後來用這個術語來「代表」那個思想。雖然從現存的文獻資料，難以追溯「緣起」其梵語與巴利語原文成立的詳細過程，但是這詞在初期佛教裡已經成立了，因爲從《阿含經》與各部派律藏的用例中皆可看到這個術語。

至於談到緣起，很容易就意識到它的巴利文爲 paṭicca-samuppāda，而梵文爲 pratītya-samutpāda。但不論是巴利文或是梵文，它們皆是由二個字、三個部分所組合成的，在此以巴利語爲例，亦即：paṭicca 加上 sam 與 uppāda。若細部分析，paṭicca 乃是不變語（nipāta, particle），可視之爲連續體（gerund）的副詞〔註 35〕；它有藉由緣，憑藉、依存或因某某理由之意〔註 36〕。而 samuppāda 一字爲接頭詞 sam 加上 uppāda 所成，sam 爲共同、一起或集合之意，所以它意味著複數或多數，而 uppāda 爲 uppajjati 動詞轉成的名詞，其意爲生起，詞性則是陽性名詞〔註 37〕。因此，歷來學界將 paṭicca-samuppāda 這個名詞譯成緣起、緣起的道理、緣起法〔註 38〕，或藉由（諸）緣而共同生起者、因緣〔註 39〕，或 casual law〔註 40〕或 dependent origination 等〔註 41〕。

《相應部》〈法說〉（*Desanā*）如下提到緣起（paticca-samuppada）：

諸比丘！緣起者何耶？緣無明有行，緣行有識，緣識有名色，緣明

〔註 35〕水野弘元，《パーリ語文法》（東京：春秋社，一九九六年四月第九版），頁一四〇、一四二。

〔註 36〕水野弘元，《パーリ語辭典》（東京：春秋社，一九八九年十一月二訂版），頁一五九。

〔註 37〕雲井昭善，《パーリ語佛教辭典》（東京：山喜房佛書林，一九九七年），頁二一七。

〔註 38〕水野弘元，《パーリ語辭典》（東京：春秋社，一九八九年十一月二訂版），頁一五九。

〔註 39〕雲井昭善，《パーリ語佛教辭典》（東京：山喜房佛書林，一九九七年），頁五三八。

〔註 40〕*The Book of The Kindred Sayings*, part II, p. 1.

〔註 41〕Bhikkhu Bodhi, *The Connected Discourses of the Buddha*. vol. I., Wisdom Publications, 2000. p. 534.

色有六處，緣六處有觸，緣觸有受，緣受有愛，緣愛有取，緣取有有，緣有有生，緣生有老死、愁、悲、苦、憂、惱。如是，此乃全苦蘊之集。諸比丘！此謂生起。〔註 42〕

從引文可知 paṭicca-samuppāda 這個名詞是指從「無明之緣」而生起「行」的內容，它也同樣指從其它（諸）「緣」而生起「緣已生法」的內容。因此在整個緣起系列——從「緣」到「緣已生法」生起之間的內容，即是緣起。初期佛教即是藉由巴利文 paṭicca-samuppāda 與梵文 pratītya-samutpāda 這個名詞「代表」從「緣」而生起「緣已生法」的內容。若是如此，「緣起」當有別於「緣」與「緣已生法」之處才是。在此，爲了區別「緣起」與「緣」、「緣已生法」等概念，並且避開不必要的誤解，我們將澄清幾個如下問題：(1)緣起的雙向歷程；(2)滅之緣；(3)緣起的漢譯問題；(4)因緣類詞彙與概念的共通義。

2.4.2 緣起系列的句型結構與雙向進路

首先，往往容易被我們所忽略的是：「緣起」不單單指涉順觀的緣起而已，它並且也指涉逆觀的緣起——即「緣滅」的進路。換言之，「緣起」這個詞的實際內容其實是指涉雙向的進路。而會造成這種誤解的原因，正是因爲我們僅從「緣起」這個詞的片面字義理解其思想所致。雖然僅從順觀的方向解釋緣起支次第生起，這的確相當忠實地表達「緣起」是藉由緣而生起之義，但是實際上，「緣起」這個詞與我們先前論及的「緣已生法」一詞都是代表性的用語，這些詞彙皆同時指涉其對立面的詞彙。例如前引《相應部》〈緣經〉提到「緣已生（法）」時，隨後視之爲反向的「滅盡之法、敗壞之法、離貪之法、滅法」〔註 43〕；同樣地，「緣起」一詞所指涉的不只是順觀的緣起而已，它同時也指涉逆觀的緣起，亦即所謂「緣滅」的進路。如《律藏》「大品」

〔註 42〕譯文引自漢譯《相應部二》，《漢譯南傳大藏經》第十四冊，頁一～二。巴利文爲 "Avijjāpaccayā bhikkhave saṅkhārā, saṅkhārapaccayā viññāṇaṃ, viññāṇapaccayā nāmarūpaṃ, nāmarūpapaccayā saḷāyatanaṃ, saḷāyatanapaccayā phasso, phassapaccayā vedanā, vedanāpaccayā taṇhā, taṇhapaccayā upādānaṃ upādānapaccayā bhavo, bhavapaccayā jāti jātipaccayā jarāmaraṇaṃ soka-parideva-dukkha-domanassupāyasā sambhavanti. Evam etassa kevalassa dukkhakkhandhassa samudaya hoti. Ayaṃ vuccati bhikkhave samuppādo." *Saṃyutta-Nikāya* vol. II, pp. 1~2.

〔註 43〕*Saṃyutta-Nikāya* vol. II, pp. 25~28。漢譯請參見《相應部二》，《漢譯南傳大藏經》第十四冊，頁二九～三〇。

（Māha-Vagga）開頭云：〔註 44〕

爾時，世尊初成現等覺，止優樓頻螺村，尼連禪河邊菩提樹下，一度結跏趺坐，坐受七日解脱樂。時，世尊是夜初分，於緣起順逆作意。

（Tena samayen buddho bhagavā Uruvelāyaṃ viharati najjā Nerañjarāya tīre bodhirukkhamūle paṭhamābhisambuddho. atha kho bhagavā bodhirukkhamūle sattāhaṃ ekapallañkena nisīdi vimuttisukhapaṭisaṃvedī. atha kho bhagavā rattiyā paṭhamaṃ yāmaṃ paṭiccasamupādaṃ anuloma-paṭilomaṃ manas' ākāsi.）

無明緣行，行緣識，識緣名色、名色緣六處，六處緣觸，觸緣受，受緣愛，愛緣取，取緣有，有緣生，生緣老，而有死、憂、悲、苦、惱。如是集起一切苦蘊。

（avijjāpaccayā bhikkhave saṅkhārā, saṅkhārapaccayā viññāṇaṃ, viññāṇapaccayā nāmarūpaṃ, nāmarūpapaccayā saḷāyatanaṃ, saḷāyatanapaccayā phasso, phassapaccayā vedanā, vedanāpaccayā taṇhā, taṇhapaccayā upādānaṃ, upādānapaccayā bhavo, bhavapaccayā jāti, jātipaccayā jarāmaraṇaṃ soka-parideva-dukkha-domanassupāyasā sambhavanti. Evam etassa kevalassa dukkhakkhandhassa samudayo hoti.）

又無明滅盡，則行滅，行滅則識滅，識滅則名色滅，名色滅則六處滅，六處滅則觸滅，觸滅則受滅，受滅則愛滅，愛滅則取滅，取滅則有滅，有滅則生滅，生滅則老、死、愁、憂悲、苦、惱滅。如是滅盡一切苦蘊。

（avijjāya tv eva asesavirāganirodhā saṃkhāranirodho, saṃkharanirodhā viññāṇanirodho, viññāṇanirodhā nāmarūpanirodho, nāmarūpanirodhā saḷāyatananirodho, saḷāyatananirodhā pahssanirodho, phassanirodhā vedanānirodho, vedanānirodhā taṇhānirodho, taṇhānirodhā upādānanirodho, upādānirodhā bhavanirodho, bhavanirodhā jātinirodho, jātinirodhā jarāmaraṇaṃ

〔註 44〕 *Vinaya* vol. I, pp. 1~2。漢譯《律藏三》，《漢譯南傳大藏經》第三冊，頁一～二。

sokaparidevadukkhadomanassupāyāsā nirujjhanti. evam etassa kevalassa dukkhakkhandassa nirodho hotīti.）

如引文提到「於緣起順逆作意」，佛陀除了「順觀」（anuloma）緣起如何集起一切苦蘊，另一方面也「逆觀」（paṭiloma）緣起如何滅一切苦蘊。就此而言，狹義的「緣起」雖然可以單指順觀的緣起進路，但廣義的「緣起」則更包括逆觀的緣起進路，亦即緣起即是指涉「緣滅」。這可由《相應部》〈道跡經〉（*Paṭipada*）以「邪道跡」和「正道跡」形容緣起的雙向進路清楚得知，如經云：

諸比丘！所謂邪道跡（micchāpaṭipadā）者何耶？諸比丘！緣無明而有行，緣行而有識……如斯是全苦蘊之集。諸比丘！以此謂邪道跡。諸比丘！所謂正道跡（smmāpaṭipadā）者何耶？因無明之無餘、離貪滅，故行滅，因行滅故識滅……如斯是全苦蘊之滅。諸比丘！以此謂正道跡。〔註 45〕

順觀的緣起乃是雜染的，將導致老、死、愁、悲、苦、惱的生起，而逆觀的緣起乃是清淨的，將導致老、死、愁、悲、苦、惱的滅盡，因而經典以「邪道跡」形容順觀的緣起，以「正道跡」形容逆觀的緣起。相對於此，《雜阿含經》三五八經則以「增法」、「減法」說明之，如經云：

有增法、減法，諦聽善思，當爲汝說。云何增法？所謂此有故彼有，此起故彼起。謂緣無明行，緣行識，乃至純大苦聚集，是名增法。云何滅法？謂此無故彼無，此滅故彼滅。所謂無明滅則行滅，乃至純大苦聚滅，是名滅法。〔註 46〕

緣起的雙向進路，亦清楚地顯現在《小部》〈自說偈〉（*Udāna*）的經文裡。這段經文敘述釋尊於菩提樹下順逆觀察緣起前，唱頌自說的詩偈：

此有故彼有，此生故彼生；此無故彼無，此滅故彼滅。

（imasmiṃ sati idaṃ hoti, imass'uppādā idaṃ uppajjati, imasmiṃ asati idaṃ na hoti, imassa nirodhā idaṃ nirujjhati）〔註 47〕

由於這個定型句出現時，往往隨後提到順逆觀察十二支緣起的內容，因而學

〔註 45〕*Saṃyutta-Nikāya* vol. II, pp 4。漢譯請參見《相應部二》，《漢譯南傳大藏經》第十四冊，頁五～六。

〔註 46〕《大正藏》卷二，頁一〇〇上。

〔註 47〕*Udāna*, pp. 1~3。漢譯請參考《小部》，《漢譯南傳大藏經》第二六冊，頁五七～五九。

者大凡同意上述定型句是釋尊所說「緣起」的定義〔註 48〕。若是如此，凡是符合上述定型句原則的各種存在現象皆是緣起，而凡是緣起的亦將是緣滅的。但是緣起系列的項目勢必不能只限於目前我們所熟知的十二支，否則會過度狹化與淺化緣起的內涵。

而這個定型句以「有、無，生（uppajjai）、滅（nirujjhati）」的動詞，表現出緣起順逆的雙向進路，由此可見「緣起」乃是統括義，實質內涵則必須包括「緣滅」（逆觀的緣起、清淨的緣起）與「緣起」（順觀的緣起、雜染的緣起）。至於，關於此句型的分析，歷來學者已貢獻良多〔註 49〕，在此只扣緊本文的目的發言。亦即從「有」與「生」的角度觀察之，「此」與「彼」的關係即是「緣」與「緣已生法」的關係，從「無」與「滅」的角度觀察，「此」與「彼」的關係即是「緣」與「（緣已）滅法」的關係。如此一來，緣起系列的結構與雙向進路便可如下表示：

緣——緣已生法

緣——（緣已）滅法

2.4.3 滅之緣

但是這樣的結構若要成立，則必須先解決逆觀的緣起裡是否有「緣」存在的問題。亦即，當我們將「順觀的緣起」與「逆觀的緣起」這兩種句型加以比較，可以發現「緣無明而有行，緣行而有識」（avijjāpaccayā bhikkhave saṅkhārā, saṅkhārapaccayā viññāṇaṃ）句型裡，其中所使用的詞彙是「緣」（paccaya），換言之，在順觀的緣起裡，法當然是藉由「緣」的幫助而生起的，這點應不成問題。然而，在逆觀的緣起裡，如「無明滅盡，則行滅」（avijjāya tv eva asesavirāganirodhā saṃkhāranirodho）的句型裡，其中並未提到「緣」字，因此衍生的問題就在於，雖然《阿含經》認爲必須要有「緣」的幫助才能促使法生起，但是它並未進一步藉由詳細的文字，解釋法在滅的時候是否也須要緣的幫助才能滅。因此，對於逆觀的緣起歷程裡是否存在著「緣」的問題，這就值得我們略加考察與澄清。

類似於這類的問題，阿毘達磨《俱舍論》的觀點是以「滅不待因」來回

〔註 48〕釋印順，《佛法概論》（台北：正聞出版社，一九九二年一月修訂二版），頁一四五。

〔註 49〕請參見楊郁文，〈緣起之「此緣性（idappaccayatā）」〉，《中華佛學學報》第九期（台北：中華佛學研究所，一九九六年），頁一～三四。

答，如論云：

謂有爲法滅不待因。所以者何？待因謂果。滅無非果，故不待因。〔註 50〕

亦即《俱舍論》認爲，有爲法（緣已生法）之滅，並不需要「因」的幫助。若依「因」、「緣」義可相通的觀點，似乎也可推論出《俱舍論》認爲，有爲法（緣已生法）之滅，並不需要「緣」的幫助。但是我們非但於阿含經裡找不到《俱舍論》這樣的觀點，反而於《雜阿含》五三經提到：

佛告婆羅門：我論因．說因。

又白佛言：云何論因？云何說因？

佛告婆羅門：有因有緣集世間，有因有緣世間集，有因有緣滅世間，有因有緣世間滅。〔註 51〕

這裡清楚地提到世間的集與滅都是有因有緣。另外，從文法的分析上來看，於逆觀的緣起句型裡，如「無明滅盡則行滅，行滅則識滅」（avijjāya tv eva asesavirāganirodhā saṃkhāranirodho, saṃkharanirodhā viññāṇanirodho），雖然裡面沒有「緣」（paccaya）字，但這並不代表這個句型裡的文法缺乏「緣」義。例如第一句的「無明」（avijja）一詞即便以從格的 avijjāya 表示，第二句的「行滅」一詞亦以從格的 saṃkharanirodhā 表示，這都是表示「藉由」、「從」、「因爲」的意思。找不到「緣」字，並不代表缺乏「緣」義，由此可見一般。況且，在這段經文之前，於順觀緣起時，已經交待過「緣無明而有行，緣行而有識」（avijjāpaccayā bhikkhave saṅkhārā, saṅkhārapaccayā viññāṇaṃ），把無明等支視爲「緣」，因而依照巴利經文慣有的省略手法來看，在逆觀緣起裡對於無明等詞後面多加「緣」字似乎是多此一舉。因此，關於滅之緣，我們可以得到一個答案，亦即是逆觀緣起裡的滅之緣是以「緣之滅」爲緣，若以「無明滅盡則行滅，行滅則識滅」（avijjāya tv eva asesavirāganirodhā saṃkhāranirodho, saṃkharanirodhā viññāṇanirodho）句型表示，即以「無明滅盡」（avijjāya tv eva asesavirāganirodhā）爲緣。當然此處的「無明滅盡」亦是名詞看待，這點我們由巴利文的 avijjāya tv eva asesavirāganirodhā 以名詞從格表示就可以知道。

甚至，我們可以藉由《相應部》〈無明經〉（*Avijjā*），清楚理解到滅與生的辨證歷程。如經云：

〔註 50〕《大正藏》卷二九，頁六七下。
〔註 51〕《大正藏》卷二，頁一二下。

諸比丘！知道、見到眼是無常的人，則其無明消滅而生起明。

（Cakkhuṃ kho bhikkhu aniccato jānato passato avijjā pahiyyati vijjā uppajjatīti）〔註 52〕

接著經文更提到那些知道、見到「色」、「眼識」、「眼觸」、「凡緣起眼觸所生之受，或樂、或苦、或非苦非樂」是無常的人，則其無明消滅而生起明。從「無明」消滅則「明」生起，若反向推論之，「明」消滅則「無明」生起。由此看來，「生」與「滅」是互為辨證與消長的歷程，其過程皆有緣而生滅，並非無緣而生滅。所以佛陀才自稱「我是說有緣之法，並非無緣」（sanidānāhaṃ bhikkhave dhammaṃ desemi no anidānaṃ）。〔註 53〕

2.4.4 pratītya-samutpāda 的漢譯

而漢地所據以譯為「緣起」的對照字，或可推知是從梵文的 pratitya-samutpada 轉譯而來，但此詞在漢地有著不同的譯名，除了譯為「緣起」之外，有時亦被誤譯為「緣生法」〔註 54〕，這究竟是古代大德不強加區別兩者分際，或是魯魚豬亥的筆誤，確實情形也難追查了。此外，或也譯為「緣起法」、「因緣起」或「因緣法」，如僧伽提婆（Saṃghadeva）所譯的《中阿含經》第八六經〈說處經〉云：

阿難。我本為汝說因緣起及因緣起所生法。〔註 55〕

如求那跋陀羅（Guṇabhadra）所譯的《雜阿含經》二九五經云：

爾時。世尊告諸比丘。我今當說因緣法及緣生法。〔註 56〕

〔註 52〕 *Saṃyutta-Nikāya* vol. IV, p. 31。經文提到：「諸比丘！知（jānto）、見（passato）眼是無常者，則消滅其無明（avijjāpahiyyati）而生起明（vijjā）。知、見色是……眼識是……眼觸是……凡緣起眼觸所生之受，或樂、或苦、或非苦非樂，亦知、見是無常者，則消滅其無明而生起明」。漢譯請參考《相應部四》，《漢譯南傳大藏經》第一六冊，頁四〇～四一。

〔註 53〕 *Aṅguttara-Nikāya* vol. I. p. 276。漢譯請參考《增支部經典一》，《漢譯南傳大藏經》第一九冊，頁三九六。

〔註 54〕 漢譯經典有時甚至將「緣起法」譯為「緣生法」，例如施護譯《佛說大生義經》（《大正藏》卷一，頁八四四中）：「爾時世尊告阿難言。如是如是。彼緣生法甚深微妙。難見難了復難思察。惟諸聖者具善巧智即能分別。非愚癡者之所曉解。何以故愚癡眾生此世他世滅已復生。如時輪迴。皆由不了緣生法故。阿難當知。諸法皆由因緣展轉相生。是故輪迴不能斷絕。緣生法者。所謂老死。由生為緣即有老死」，這顯然將「緣起」譯為「緣生法」。

〔註 55〕 《大正藏》卷一，頁五六二下。

〔註 56〕 《大正藏》卷二，頁八四中。

同樣亦是求那跋陀羅所譯的《雜阿含經》二九八經云：

爾時。世尊告諸比丘。我今當說緣起法法說、義說。〔註 57〕

就引文的框字看來，何以有這幾種不同的譯詞呢？仔細對照《中阿含經》〈說處經〉的「因緣起」與《雜阿含經》二九六經的「因緣法」兩詞，可以發現前者多了「起」字，後者多了「法」字。若比較《雜阿含經》二九六經的「因緣法」與《雜阿含經》二九八經的「緣起法」兩詞，則前者多了「因」字，後者多了「起」字。從這裡，引發我們思考幾個面向的問題。

首先，這些漢譯經典所據以譯為因緣法、緣起法、因緣起等詞的原文是什麼呢？其次，「因緣」（pratitya-samutpada 緣起）與「法」（Skt. dharma, dhamma）之間是什麼關係，它們是兩個各自獨立的概念或是概念互通的語詞呢？再者，為何同樣的《雜阿含經》裡，譯者求那跋陀羅分別使用「因緣法」與「緣起法」兩詞，這究竟是依據原典直譯或經過譯師（譯場成員）詮釋後的揉譯呢？甚至，「因緣起」、「因緣」、「緣起」或是「因」、「緣」、「起」這些看似不同卻又意義共通的詞彙，《中阿含經》的譯師僧伽提婆是如何理解，何以同樣的梵文有著略為不同的譯名，或者初期佛典的傳持者與宗教師們對此的理解有何同與不同呢？在此我們先將這些問題分為二部分：首先，考察漢譯因緣法、緣起法的梵本原文的問題；其次，考察因緣類詞彙與概念的共通義。進而，再以它文來考察緣、緣起與緣已生法的關係。

首先，我們考察漢譯因緣法、緣起法的梵本原文的問題。由於古代據以譯為漢語佛典的梵本已經佚失，想要按圖索驥地找出漢譯所據的梵文原典的機會應該是微乎其微。而近幾十年來於中亞或土耳其斯坦新出土的梵文斷片或許具有相當參考性，但是也未必就能百分百地推斷出那是求那跋陀羅（Guṇabhadra）等譯師據以漢譯的梵本。可是單從漢譯各部阿含經的漢譯經文比對，雖然各自譯文參差互見其異同，但是由於譯文的語系相同，相對地說服力亦轉弱。就此看來，若要考察這些問題，從不同語系的巴利佛典的文獻著手應該會比較清楚與得力。然而，若以巴利語的緣起（paṭiccasamuppāda）與法（dhamma）為考察對象，最先想到的對照經應該是《相應部》「因緣相應」第二十經〈緣經〉（*Paccaya*）。如經云：

諸比丘！我為汝等說緣起與緣已生之法。

（Paṭiccasamuppādañca vo bhikkhave desissāmi paṭiccasamuppanne ca

〔註 57〕《大正藏》卷二，頁八五上。

dhamme）〔註 58〕

僅從漢譯的字面看來，由於連接詞「與」將「緣起」與「緣已生」兩名詞連繫在一起，依此雖然可斷定「緣生法」作爲「緣生」與「法」的合成語（compound term），卻未必能斷定「緣起」與「法」可合成「緣起法」。這好比說「張同學與王同學的媽媽」這個句子，雖然可以確定「媽媽」是指涉王同學的媽媽，卻未必可推論出這個「媽媽」亦指涉張同學的媽媽。況且這個句子有可能指涉「張同學」與「王同學的媽媽」兩個人，或指涉「張同學的媽媽」與「王同學的媽媽」兩個人，甚至情況特殊者，亦有可能指涉「張同學與王同學」的「媽媽」爲同一個人。總之，至少就此分析與同理類推看來，依然難以斷定緣起與法可以結爲「緣起法」的合成語。

若就巴利語文法分析而言，此處的緣起（paṭiccasamuppādaṃ）可解析爲陽性單數對格（accusative），而緣已生之法（paṭiccasamuppanne ca dhamme）可解析爲陽性複數對格（locative），兩者或可解釋爲同位語，但是實際而論，緣起 paṭiccasamuppāda 與法 dhamma 共同形成合成語的機率並不大，因爲巴利經典裡從未出現兩者併合的用例。另外值得注意的是，於上文引述《相應部》〈緣經〉內容隨後繼續對於「緣起」與「緣生之法」分別加以解說內容，這或許可以進一步解答我們的問題。如經云：

> 何爲緣起（paṭiccasamuppādo）耶？諸比丘！緣生而有老死。如來出世，或如來不出世，此界確立、法住性、法定性、此緣性。……如來證知。此證知而予以教示宣佈，詳說、開顯、分別以明示，然而即謂「汝等，且看！」……
>
> 諸比丘！緣無明而有行。諸比丘！於此有如性、不虛妄性、不異如性、相依性者，諸比丘！此謂之緣起（paṭiccasamuppādo）。
>
> 諸比丘！何爲緣已生法（paṭiccasamuppannā dhammā）耶？諸比丘！老死是無常、有爲、緣生、滅盡之法，敗壞之法，離貪之法，滅法。生…有…取…愛…受…觸…六處…名色…識…行…無常是無常、有爲、緣生、滅盡之法，敗壞之法，離貪之法，滅法。諸比丘！此等謂緣已生法（paṭiccasamuppannā dhammā）。〔註 59〕

〔註 58〕*Saṃyutta-Nikāya* vol. II, p. 20。漢譯請參見《相應部二》，《漢譯南傳大藏經》第十四冊，頁二九。

〔註 59〕*Saṃyutta-Nikāya* vol. II, pp. 25~28。漢譯請參見《相應部二》，《漢譯南傳大藏經》第十四冊，頁二九～三一。

上引巴利經文的「緣起」(paṭiccasamuppādo)乃可解析為陽性單數主格，而「緣已生法」(paṭiccasamuppannā dhammā) 可解析為陽性複數主格。若依據上文裡「緣起」、「法」與「緣已生法」等詞的位置加以解讀，顯然初期佛典的編輯者傾向把緣起 paṭiccasamuppāda 與法 dhamma 分別而論，將「緣起」這個語詞獨立於「法」這個詞之外來使用(但這不意味著於概念之外使用)，而把「法」歸類為複數的「緣已生法」(paṭiccasamuppannā dhammā) 的範疇。由於這樣的經文與例子於巴利佛典裡處處可見，況且被視為是相當古老的《小部》《經集》(*Sutta-Nipāta*) 六五三經，如經云：

> Evam etaṃ yathābhutaṃ kammaṃ passanti paṇḍitā paṭiccasamuppādasā kammavipākakovidā.
>
> (見緣起之諸賢者，通曉業與異熟果，如斯行為如實見，如實得見信不誤。)〔註60〕

在此，亦未見「緣起」與「法」合成語，而是獨立使用緣起這個詞。甚至，巴利佛典裡也未曾見過「緣起法」(paṭiccasamuppāda dhamma) 巴利語合成語存在〔註61〕。由上述種種考察看來，關於漢譯「因緣法」或「緣起法」這詞的原文問題，似乎我們可以從旁推論出一個可能性極大的結論，亦即：初期佛教是以兩個各自分立的名詞看待「緣起」(paṭiccasamuppāda) 與「法」(dhamma)，並且不曾將兩者合併成為一合成詞。至於漢譯「因緣法」與「緣起法」等詞的譯名，顯然已經攙透過譯師或譯場成員們相當程度的意見或詮釋在裡面，而將「緣起」(因緣) 與「法」兩者混為一談。

依此，我們先前問題的答案就出來了。漢譯《雜阿含經》二九六經所據的梵本原典本身乃是將「因緣」(pratitya-samutpada 緣起) 與「法」(dharma) 兩詞分別看待，並且梵本原典的全部內容亦是如此處理，但是漢譯的過程裡，當時的譯師求那跋陀羅與譯場成員在翻譯與潤筆時將"pratitya-samutpada"給揉譯成「因緣法」，無意中賦與這個詞更豐富的義涵。若是如此，應當追問

〔註60〕*Sutta-Nipāta* p. 123。漢譯請參見《小部經典二》，《漢譯南傳大藏經》第二七冊，頁一七九。

〔註61〕水野弘元所編的《南傳大藏經總索引》裡，與緣起法直接相關的有「緣起の法」與「緣起法」兩項，前者是指 paṭiccasamuppāda 與 sahetudhamma，後者則是指 paṭiccasamuppāda-naya。然而 paṭiccasamuppāda-naya 一詞出於《攝阿毘達磨義論》(*Abhidhammattha-savgaha*)，顯然這已本文論題範圍關係不深；而水野弘元未於 paṭiccasamuppāda 後面附加 dhamma 詞，可見他亦留意到這兩詞各有所屬的情況。

其揉譯或詮釋的動機如何呢？

由字面意義看來，漢譯「因緣法」一詞的義譯似乎又比起謹慎嚴守梵文 pratitya-samutpada 字義的「緣起」一詞的直譯，有更多的詮釋空間解釋上述緣起法則的雙向進路。這或許是當初譯師或筆受的大德們，認爲單從「緣起」字義易流於生起層面的認知，反而不容易表達順觀與逆觀的全苦蘊的集與滅，於是繞過字面意義的單向限制，直接截取「因緣」這詞背後的「去方向限定」義。而從譯師們不同的譯詞與表現的手法看來，似乎也可解讀出這些詞彙本身，不論原文或譯文，都帶著相當柔軟與活潑的特性，容許讀者作靈活的互動理解。

此外，亦或許漢地古德認爲，「法」的內容乃緣已生法，即無明、行、識等爲人所知的十二項，最初亦出現於緣起的順逆雙向進路裡，若藉此稱呼「因緣」爲「法」似乎也不爲過；同時經典裡處處可見「見緣起即見法，見法即見緣起」的經例，似乎又顯示「因緣」與「法」兩概念之間雖然可分立，但卻未見彼此有明確的區隔與差別，若概合稱謂爲「因緣法」亦無不可。但這點也只能說是臆測，目前亦未找到古德的文獻佐證他們的想法是否如此。

然而沿此思考，這裡也就順道深入其他問題的考察，亦即《中阿含經》的譯師僧伽提婆（Saṃghadeva）與《雜阿含經》的譯者求那跋陀羅（Guṇabhadra）分別將梵文 pratitya-samutpada 成「因緣起」或「緣起」、「因緣」的手法，這種容許他們對梵本原典與詞義提出靈活詮釋的空間究竟存在於何處呢？其次，在此我們考察因緣類詞彙與概念的共通義。

2.4.5 因緣類詞彙與概念的共通義

從漢地的譯師靈活運用「因」、「緣」、「起」等詞類看來，或可推溯這些詞彙的原文之間亦不存在互通的障礙，各自的單詞表述並無礙於彼此共通意義的呈顯。正因爲初期佛教日常生活範圍內的用語，對於「因」、「緣」、「起」等詞的分野原本就沒有嚴格限定，所以歷來傳持經文的持經師們也未對「因」、「緣」之際多加分別。這情形直到阿毘達磨出現的時代，論師們才逐漸對於「因」、「緣」的區隔予以留心與更細緻的解說。

部分學者認爲，在佛教以「緣起」（paṭiccasamuppāda）一詞作爲其思想的代表與彙整之前，就使用過許多因緣類型的詞彙表示這類的思想。例如，就現存最古層的佛教資料裡《經集》（*Sutta-Nipāda*）第四章（八個詩句章）而論，

nidāna 一詞是最常被用於表示緣起概念的詞彙。另外，upanissāya、paṭicca 等詞也被使用過，這些詞彙都具有「緣（起於）」的意思〔註 62〕。其中，最常被使用的 nidāna 一詞，一般都將它譯成「因緣」。而其它的，upanissāya、paṭicca 也同樣地具有「緣（起於）」義。至於其它場合裡，也看到有以 paccaya、hetu、samudaya、pabhava 等詞表示同樣「原因」義的例子。

對於這種「因」、「緣」互通的情形，初期佛典裡的許多用語倒是提供不少參考。如前引的《律藏》「大品」接下來的經文正足以解釋這個模稜兩可的語詞現象，因爲經文隨後提到開悟後的世尊於順逆觀察十二緣起之後，以自說偈稱謂自己所證悟的法爲「有因之法」。如《律藏》「大品」偈頌云：

> 力行婆羅門，若是顯現諸法者，了知有因之法故，滅彼一切疑惑盡。〔註 63〕

以「有因之法」（sahetudhamma）指涉緣起（paṭiccasamuppāda）內涵的個例，亦可見於《小部》的《自說偈》（*Udāna*）中〔註 64〕。除此之外，於《雜阿含》五三經，佛陀向外道異學介紹自己學說時，亦屢屢自稱「我論因說因」進而解釋「有因有緣集世間，有因有緣世間集，有因有緣滅世間，因有緣世間滅」〔註 65〕。由此看來，佛陀對於一般用來探究事物生起或出現的「因」、「緣」語類之間並不存在著明確的界限與判分。

若佛陀的情況是如此，那麼最先親近於佛陀的學生又是如何看待這些「因」、「緣」語呢？若以《律藏》「大品」的記載爲例，傳說阿說示（Assajji 馬勝）比丘爲梵志舍利弗「略說」他所理解的佛法要義，因而使得舍利弗與輾轉聽聞此教法而受感動的目犍連，一起帶領二百五十位梵志前往依止佛陀爲師，爲此造成他們原先老師梵志刪若（Sañjaya）的教團瓦解，使其心生不

〔註 62〕請參見中村元，《原始佛教の思想》（下）（東京：春秋社，一九八一年四月），頁四七～五十頁、頁六五；藤田宏達，〈原始佛教の因果思想〉《佛教思想 3 因果》（東京：平樂寺，一九七八年），頁八九以下；三枝充悳，〈關係（緣）關係性（緣起）關係主義（緣起說）〉《東洋學術研究》第二十卷第一號，一九八一年。等參照。

〔註 63〕巴利原文爲 "yadā have pātubhavanti dhammā ātāpino jhāyato brāhmaṇassa, ath'assa kaṅkhā vapayanti sabbā yato pajānāti sahetudhamman ti." *Vinaya* vol. I. p. 1~2。漢譯請參考《律藏三》，《漢譯南傳大藏經》第三冊，頁一～二。

〔註 64〕*Udāna* p. 1。至於漢譯《小部經典一》的譯者悟醒先生，則將此 sahetudhamma 一語譯爲「緣起法」，可見現代譯者認爲這概念是互通的。參見《小部經典一》，《漢譯南傳大藏經》第二六冊，頁五八。

〔註 65〕《大正藏》卷二，頁一二下。

快口吐熱血。若如此的法義「略說」能帶來這麼戲劇性的變化，想必其中必然涵納相當精華，況且阿說示比丘是最初聽聞釋尊說法的五比丘之一，亦是佛教僧團最初成就阿羅漢果的聖弟子之一，藉此「略說」的內容來理解佛陀設教之初的核心法義，應該是合適不過的。而《律藏》「大品」裡，阿說示比丘「略說」的偈文云：

> 諸法因緣生，如來說其因，諸法滅亦然，是大沙門說。
>
> （ye dhammā hetuppabhavā tesaṃ hetuṃ tathāgato āha, tesañ ca yo nirodho evaṃvādī mahāsamaṇo' iti）〔註 66〕

對於這首偈文，我們可以得到幾點考察。首先，阿說示比丘的偈文所表達的原則和精神與先前佛陀所說「此有故彼有，此生故彼生；此無故彼無，此滅故彼滅」的定型句並無差別，兩者皆以「生」、「滅」的對偶概念說明因緣集起的現象（生）與其必然經歷的結果（滅），並且其實也可以將此視爲四諦說的「集」、「滅」兩諦的縮影，換言之，這相當忠實地描述佛陀教法精髓。

其次，從這個偈文使用的 hetu（因）、pabhava（生）等語與本文上述所引各經文裡與「因」、「緣」、「起」相關的巴利語如 paṭicca（緣）、paccaya（緣）、samudaya（集）、sambhavanti（發生）、uppajjati（生）等看來，初期佛教的宗教行者們，不論是佛陀或比丘，對於這些「因」、「緣」、「起」語類的概念與內涵並未刻意區隔與界定。從阿說示比丘爲舍利弗「略說」佛法要義，不以緣起（paṭiccasamuppāda）一詞作爲他所理解佛法的總括，反而以「諸法因緣生」（dhammā hetuppabhavā）等語來表達他所理解的佛陀教法。這或許對於我們這代從經典文本認識佛教且對於「緣起」帶著既定刻板印象（stereo type）的人而言，會覺得有點詫異，但或許這種靈活取角的教學態度，似乎更親近於佛陀的生活態度與思考方式。而漢譯的「因緣法」或「緣起法」等詞，就今日學者要求嚴格字義的眼光而言，雖然不盡能等同於梵文 pratītya-samutpāda 的刻板字義，但是就前所述的意義而言，它比起巴利語和梵文的原語，似乎反能更能貼切於佛陀對於世間苦惱之集與滅的順逆雙向說明，允許讓經典的閱讀者面對佛典時有著更大的詮釋度。

然而話說回來，從初期佛典整體看來，不難發現初期佛典徒特別鍾情於以緣起（paṭiccasamuppāda）一詞，作爲這些因緣類語詞彙整後的總代表詞彙。

〔註 66〕 *Vinaya* vol. I. p. 40。漢譯部分請參見《律藏三》，《漢譯南傳大藏經》第三冊，頁五五。

並且以此作爲佛陀所教種種因緣詞彙與概念的總原則。這也許是當時藉以交流的日常生活語言裡約定俗成的語意過於廣泛，於是才於眾多詞意模稜兩可的語彙裡「強而言之」地以緣起作爲總代表。然而也拜這些語詞背後豐富與通俗義涵所賜，使得後期發展的佛教思想對於緣起思想有多樣的詮釋，進而形成種種不同的理解與立場。

當然，我們不能要求古印度的宗教師、佛典編輯者與後代的譯師在使用每一個語詞概念時都符合現代學術意義的要求，這不合理也不必要。反而應尊重各自所屬文化圈的語言特色，並且從中發現與欣賞古代宗教的日常生活語言裡，語言本身原本內蘊或隱或顯的意義指涉。這種豐富的意義指涉亦可見於不同語系的翻譯中，甚至可能再現（representation）其原初字義所不及之處。重要的是，由此可知這些語詞背後充滿了理解與詮釋的空間，甚至在不同語系的翻譯互換與時空交錯的過程中，亦不失其靈活與柔軟。

2.5 小結

本文的目的在於先行爲討論緣起前的理解基礎作準備，至於我們的寫作策略則是藉由文法的句型結構分析，清晰明白地重塑漢譯與巴利初期佛典裡的隱而不明的緣起系列結構，並將這些基本結構分別以「緣」、「緣已生法」兩項掌握，並指出「緣起」即是從「緣」而生起「緣已生法」的整體內容。在本文的論述過程中，我們發現不論是漢譯或是巴利經文，在論及緣起系列的句型時，往往都會慣於將句子裡的動詞隱退不見，這將導致我們在理解緣起時，往往會弄淆「緣」、「緣已生法」與「緣起」等概念之間的分際，從而無法對於緣起系列的結構有正確的理解。

在釐清緣起系列的結構後，我們進而藉由《阿含經》的經文分析，指出「緣起」（包括緣起與緣滅）的雙向進路，更以「緣——緣已生法」與「緣——（緣已）滅法」兩種型態說明緣起系列的結構。並且澄清逆觀的緣起裡，所謂的「滅」（nirujjhati）並非無緣而滅。爲此我們藉由文法解析指出：滅之緣是以「緣之滅」爲緣，而這裡的「緣之滅」是名詞詞性。至此，本文作爲理解緣起之前的理解基礎與準備，便到此告一段落，隨後的任務則是透過這一理解的基礎，於接下來的論文裡檢視初期佛教緣起概念的諸問題。

3 「緣起」與「緣已生法」之差別

摘要

我們已於前文「緣起系列之句型結構分析」指出：緣起系列之句型結構可分析爲「緣」與「緣已生法」兩項，並指出「緣起」即是從「緣」而生起「緣已生法」的整體內容。本文的目的即在於藉由前文的研究成果，對於「緣起」與「緣已生法」之差別加以探究，並且嘗試檢視阿毘達磨佛教傳統對於這個問題的看法。本文主要內容如下：

首先以（一）「前言」，作爲導論。

於（二）「問題之提出」裡，藉由《相應部》〈緣經〉（*Paccaya*）的解讀，提出「緣起」與「緣已生法」之差別的問題，並藉用印順法師的觀點討論這個問題，進而於追溯印順法師的部分觀點於阿毘達磨佛教傳統處。

再由（三）「阿毘達磨論書觀點之考察」，以《大毘婆沙論》裡所載的各家觀點爲內容，逐一檢討各家對於「緣起」與「緣已生法」之差別的看法。

並於（四）「結論」裡，本文認爲：或許是甚深的緣起不容易被解釋清楚，因而著重分析學風的阿毘達磨論師們，善巧地將「緣起」理解爲「緣」，並且將「緣起」與「緣已生法」的關係理解爲因果關係。雖然這般讀法有助於讀者容易掌握因果關聯，但是值得提醒的是，我們必須瞭解「緣起」乃是指謂著「（從）緣（而生起）緣已生法」的整體內容，如此才不會因爲它被善巧地詮釋爲「緣」時，反而忽略其深刻且豐富的意涵。

3.1 前言

我們於前文「緣起系列之句型結構分析」裡指出，緣起系列之句型結構可區分為「緣」與「緣已生法」兩項。而所謂的「緣起」，即指從「緣」而生起「緣已生法」的整體內容，初期佛教則藉由「緣起」（paṭicca-samuppāda）這個名詞「代表」之。〔註1〕

然而，南傳《尼科耶》的初期佛典裡，提到緣起的「無明緣行，行緣識」等系列的句型時，往往省略其中的存在動詞（如 sati、hoti 等），這種慣用的省略語法雖然不妨其巴利文意義的表達，但是漢譯《阿含經》依據古典佛語逐字直譯的結果，在略去動詞的情況下，歷來學者對於緣起系列句型裡「緣」、「緣已生法」結構與「緣起」之間的概念分際，就相對模糊下。其影響所至之處，使得部分阿毘達磨論師或將「緣起」解讀為「緣」，或將「緣起」解讀為「緣已生法」，諸此種種解釋與見解，於歷來論書與晚近學者的研究裡皆可見到。究竟「緣起」與「緣已生法」、「緣」之間的關係如何呢？本文於此即從這些問題為契機，進行討論。

3.2 問題之提出

3.2.1 佛陀於《相應部》〈緣經〉之開示

為了方便討論起見，在此以相當篇幅引用《相應部》〈緣經〉〈*Paccaya*〉：〔註2〕

> 諸比丘！我為汝等說緣起（paṭiccasamuppāda）及緣已生法（paṭiccasamuppanna dhamma），汝等諦聽，當善思念，我則為說。……諸比丘！何為緣起耶？諸比丘！緣生而有老死。如來出世，或如來不出世，彼界確立，法住性、法定性、此緣性（idapaccayatā）。如

〔註1〕印順法師於《佛法概論》裡論及「緣起」與「緣已生法」關係，曾提到：「緣起是動詞；緣生是被動詞的過去格，即被生而已生的」。雖然這般詮釋與巴利文 paṭicca-samuppāda 的名詞詞性略有出入，但是若以緣起意謂著「從緣而生起緣已生法」角度視之，印順法師以動態義看待緣起的觀點，在實質意義的表達上，或許更能貼近緣起的實義。請參見釋印順，《佛法概論》（台北：正聞出版社，一九九二年一月修訂二版），頁一四九。

〔註2〕*Saṃyutta-Nikāya* vol. II, pp. 25~28。漢譯請參見《相應部二》，《漢譯南傳大藏經》第十四冊，頁二九～三〇。

來證於此，知於此。證於此、知於此，而予以教示宣佈，詳說、開顯，分別以明示，然而即謂：「汝等，且看！」

諸比丘！緣生而有老死。諸比丘！緣有而有生。諸比丘！緣取而有有。諸比丘！緣愛而有取。諸比丘！緣受而有愛。諸比丘！緣觸而有受。諸比丘！緣六處而有觸。諸比丘！緣名色而有六處。諸比丘！緣識而有名色。諸比丘！緣行而有識。諸比丘！緣無明而有行。如來出世、或不出世，此界確立。法住性、法定性、此緣性。（ṭhitā va sā dhātu dhamma-ṭṭhitatā dhamma-niyāmatā idappaccayatā）。如來證知。此證知而予以教示宣佈，詳說、開顯、分別以明示，然而即謂「汝等，且看！」

諸比丘！緣無明而有行。諸比丘！於此有如性、不虛妄性、不異如性、此緣性者，諸比丘！此謂之緣起。（Avijjāpaccayā bhikkhave saṅkhārā//Iti kho bhikkhave yā tatra tathatā avitathatā anaññathatā idappaccayatā//ayaṃ vuccati bhikkhave paṭiccasamuppādo.）

諸比丘！何爲緣已生法耶？諸比丘！老死是無常（anicca）、有爲（saṅkhata）、緣已生（paṭiccasamupanna）、滅盡之法（khayadhamma），敗壞之法（vayadhamma），離貪之法（virāgadhamma），滅法（nirodhadhamma）。生…有…取…愛…受…觸…六處…名色…識…行…無明是無常、有爲、緣已生、滅盡之法，敗壞之法，離貪之法，滅法。諸比丘！此等謂之緣已生法。

於《相應部》〈緣經〉裡，佛陀分別爲比丘們開示「緣起」與「緣已生法」，由此看來，緣起與緣已生法是相關連的，但彼此卻又不盡相同，否則就沒有分別開示兩者的必要了。究竟緣起與緣已生法之間的關係如何呢？在此即是問題所在。爲了清晰明瞭地表達我們的觀點，並藉此觀點檢視歷來學者的說法，在此採取的策略是就這段經文解讀，並且先提出我們對於「緣已生法」與「緣起」的看法與觀點。

3.2.2 「緣已生法」與「緣起」之初步解讀

首先，就「緣已生法」說明我們的觀點。就此段經文的意義而而，「緣已生法」乃是指涉「緣已生」或「緣所生」者；就時態而言，它表示某種事物被完成的狀態；就認識論而言，它即是於認識範圍內爲我們能經驗的對象；就因果關係而言，它代表某種事物於時空中的狀態與結果；就其屬性而言，它是無常的、有爲的、緣已生的；就其轉進的狀態而言，它將轉進至滅盡之法、敗壞之法、離貪之法、滅法；就數目而言，這段經文則以「老死、生、有、取、愛、受、觸、六處、名色、識、行、無明」等十二項表示，這十二項緣已生法皆是我們經驗範圍內能夠體驗與認識的。

其次，關於「緣起」。由於較爲複雜，所以我們於此分爲幾項討論。

1. 當經文提到「何爲緣起耶？」最初僅藉由「緣生而有老死」的句子說明緣起，後面才又補充性地提到「緣有而有有」以至於「緣無明而有行」等完整的十二緣起系列。換言之，關於「何爲緣起耶？」這個問題的討論，重點並不純粹是「無明」等「緣」或「行」等「緣已生法」的項目究竟有多少，這一點我們可從經文一開始只舉出「緣生而有老死」一句概括緣起便可明白，其實後面的任何的緣起系列都可以概括緣起。因此，這裡眞正的重點在於緣起系列本身的句型結構問題，亦即問到「何爲緣起耶？」的問題，緣起正是指從「緣」到「緣已生法」，亦即經文中最初「緣生而有老死」系列裡，從（生）「緣」到（老死）「緣已生法」是謂緣起。

2. 相對於這段經文以「法」稱呼「緣已生法」，我們注意到「緣起」並未與「法」合用，這表示它並非如同「緣已生法」的「法」一般地指涉經驗範圍內的具體事象。在此，若我們將「緣起」稱爲「緣起法」，這便顯得不適切。況且，經文提到「諸比丘！<u>（從）無明之緣（而生起）諸行</u>。諸比丘！[於此]有<u>如性</u>、<u>不虛妄性</u>、<u>不異如性</u>、<u>此緣性</u>者，諸比丘！[此]謂之<u>緣起</u>。」（Avijjāpaccayā bhikkhave saṅkhārā // Iti kho bhikkhave yā [tatra] <u>tathatā</u> <u>avitathatā</u> <u>anaññathatā</u> <u>idappaccayatā</u> // [ayaṃ] vuccati bhikkhave <u>paṭiccasamuppādo</u>.）由框字與底線處的文字解讀，「於此」（tatra）是指於「（從）無明之緣（而生起）諸行」的生起（轉滅）過程裡面，亦即於「緣」到「緣已生法」裡面，或於「緣」到「緣已生法」這個範圍（界）裡面，這裡面有著「如性、不虛妄性、不異如性、此緣性」等。而「此」（ayaṃ）「如性、不虛妄性、不異如性、此緣性」即謂之「緣起」。可見緣起並非具體事象之法，而是存在於具體事象之法裡面，且使具體事象之法能夠成立的理則。就此而言，或許稱緣起爲「法則」（法之理則）會比稱緣起爲「緣起法」更好一些。

3. 經文中提到「如來出世、或不出世」，這是從時間的觀點，表示緣起是不爲時所拘的。此外，經文中提到「此界確立」，這裡的「界」的確是場所義與範圍義，並非是性質義。由於歷來學者並未從「緣」到「緣已生法」之間的範圍來理解「界」，以致於給這裡的「界」義帶來或多或少不清楚的解釋，關於這點我們於它文將更仔細說明。在此只要指出，從「緣」到「緣已生法」之間的這個範圍即是（緣到緣已生）「法」的範圍（界），亦即是《雜阿含》二九六經所說的「法界」。而所謂的「此界」亦可是說「緣起之界」（緣起的範圍），亦即緣起於「緣」到「緣已生法」之間，換言之，這是相對於前面的時間觀點，進而從場所的觀點，表示「緣起」乃是指從「緣」而生起「緣已生法」的內容，或從「緣」到「緣已生法」。一如上述經文開頭提到：「何謂緣起耶？緣生而有老死」，其中「緣生有老死」的巴利文爲 jātipaccayā jarāmaraṇam，或漢譯爲「生緣老死」，這主要是描述緣起乃是從「生」（緣）到「老死」（緣已生法）。

4. 經文中提到「法住性、法定性、此緣性」或「如性、不虛妄性、不異如性、此緣性」，這兩段經文剛好呼應前面我們提到「緣起」並非如同「緣已生法」的「法」一般地指涉經驗範圍內的具體事象，緣起反而是使經驗範圍內的具體事象（即緣已生法）成爲可能的理則。申言之，緣起即是（緣與緣已生之）〔法〕所安〔住〕的理則〔性〕，緣起即是使（緣與緣已生之）〔法〕確〔定〕（實質與名稱）的理則〔性〕，緣起即是「從緣而生起緣已生法」〔此緣〕的理則〔性〕。而這樣的理則性是客觀性（如性）、必然性、不變性、此緣性。初期佛典則以 paṭiccasamuppāda 這個名詞說明上述的性質。

以上即是我們對於「緣已生法」與「緣起」的觀點。然而，爲能夠更深入地解析問題，以下我們將藉由重要學者研究成果的考察，進而反省古代論師的各種觀點，並提出種種批評，這將有助於我們突顯問題與答案。

3.2.3 援引、澄清與證成印順法師的部份觀點

印順法師於《佛法概論》亦意識到緣起與緣已生法之分別的難題，如論云：

> 緣起的流轉依緣起而成的生死相續，佛曾說了「緣起」與「緣生」。佛說緣起與緣生時，都即是「此有故彼有，此生故彼生，謂緣無明

有行」等。這二者的差別，向來成爲難題。緣起與緣生的內容相同，爲什麼說爲二名？這二者的意思，是多少不同的。〔註3〕

印順法師所言甚是。不過，印順法師認爲緣起與緣已生法兩者都即是「此有故彼有，此生故彼生，謂緣無明有行」的相同內容這一點，其實還是可以再加以細緻地說明與釐清。

我們的觀點如下。以「此有故彼有，此生故彼生；此無故彼無，此滅故彼滅」（imasmiṃ sati idaṃ hoti, imass'uppādā idaṃ uppajjati, imasmiṃ asati idaṃ na hoti, imassa nirodhā idaṃ nirujjhati）〔註4〕類的定型句爲例，雖然初期佛典裡出現這個定型句的地方往往隨後都提到緣起系列的十二項內容，但是就整體而言，不論是巴利或漢譯阿含經，這個定型句應該是特別指涉著「緣起」，而不是指涉「緣已生法」。特別是「相應部」與《雜阿含》皆未有例外，凡是這兩部經文出現「緣起」（paṭiccasamuppāda）或「緣已生法」（paṭiccasamuppanna dhamma）的地方，不難發現這定型句是對「緣起」而論，並非針對「緣已生法」而論〔註5〕。但是也有少數漢譯初期佛典是同時提到兩者，如《中阿含》〈說處經〉即其中之一，不過其中經文並未加以分別，以致於兩者之際顯得含糊不清〔註6〕。爲何《中阿含》如此表現的確實原因並不詳，但我們的設想是，或許「相應部」與《雜阿含》特重於法義分別與析理，其對義理判別的清晰度也就顯得比《中阿含》嚴格。

略此不論，緣起所指涉的正是「此有故彼有，此生故彼生」或「此無故彼無，此滅故彼滅」以及「謂緣無明有行」的整體內容。若以「此有故彼有」句型爲例，「緣」與「緣已生法」的位置應該是分別位於句中的「此」與「彼」處。就此而言，「緣」乃位於緣起系列的「因」位，「緣已生法」乃緣起系列的「果」位。若解讀「此有故彼有，此生故彼生，此無故彼無，此滅故彼滅」，

〔註3〕釋印順，《佛法概論》（台北：正聞出版社，一九九二年一月修訂二版），頁一四九。

〔註4〕*Udāna*, pp. 1~3。漢譯請參考《小部》，《漢譯南傳大藏經》第二六冊，頁五七～五九。

〔註5〕以《雜阿含》二九三經（《大正藏》卷二，頁八三下）爲例，經文提到：「爾時，世尊告異比丘。……爲彼比丘說賢聖出世空相應緣起隨順法：所謂有是故是事有，是事有故是事起」，由此可見到這個定型句是針對緣起而立論。

〔註6〕以《中阿含》〈說處經〉爲例，經文提到：「阿難！我本爲汝說因緣起及因緣起所生法：若有此則有彼，若無此則無彼，若生此則生彼，若滅此則滅彼」。參見《大正藏》卷一，頁五六二下。

則這定型句是表示「緣出現時，緣已生法就出現；緣生起時，緣已生法就生起；緣不現時，緣已生法就不現；緣滅時，緣已生法就滅。」

除此之外，印順法師於《佛法概論》裡繼續論及「緣起」與「緣已生」關係。論云：

> 緣起是動詞；緣生是被動詞的過去格，即被生而已生的。所以緣起可解說爲「爲緣能起」；緣生可解說爲「緣所已生」。這二者顯有因果關係，但不單是事象的因果，佛說緣起時，加了「此法常住、法住法界」的形容詞，所以緣起是因果的必然理則，緣生是因果中的具體事象。現實所知的一切，是緣生法；這緣生法中所有必然的因果理則，才是緣起法。緣起與緣生，即理與事。緣生說明了果從因生；對緣生而說緣起，說明緣生事相所以因果相生，秩然不亂的必然理則，緣生即依於緣起而成。〔註7〕

印順法師在這裡認爲「緣起是動詞」，這可能是因爲經文提到緣起是指「（從）無明緣（而生起）行」，因而認爲從「緣」而生起「緣已生法」的動態將「緣起」理解爲動詞並無不妥。雖然經文裡藉以代表「緣起」的巴利文 paticca-samuppada 一詞詞性是名詞，但是，印順法師將「緣起」理解爲動詞的觀點，或許更貼近生滅世間的實況，有其另一種角度的意涵。

值得特別一提的是，印順法師引用《雜阿含》二九六經「此法常住、法住法界」〔註8〕經文，認爲這是形容「緣起」（底線部份），進而推論緣起是因果的必然理則。雖然印順法師於《佛法概論》隨文中並未以更多的經據來細密論證這個觀點，但是僅就其提出的扼要結論而言，已著實令後學大加佩服，亦解答我們的疑惑。按《雜阿含》二九六經的「此法常住、法住法界」一詞的上下文脈，乃是：

> 云何爲因緣法？謂此有故彼有。謂緣無明行，緣行識，乃至如是如是純大苦聚集。
>
> 云何緣生法？謂無明、行。若佛出世、若未出世，此法常住，法住法界，彼如來自所覺知，成等正覺，爲人演說，開示顯發。〔註9〕

〔註 7〕釋印順，《佛法概論》（台北：正聞出版社，一九九二年一月修訂二版），頁一四九～一五〇。

〔註 8〕雖然印順法師的《佛法概論》未標明「此法常住、法住法界」一句的出處，但查閱漢譯阿含經只有於《雜阿含》二九六經出現此句，進而推斷。

〔註 9〕《大正藏》卷二，頁八四中。

若依文解讀，乍看之初將可以輕易發現「此法常住、法住法界」是形容「緣生法」，而非形容緣起。就此而論，若僅是以「線性思惟」思考，印順法師引述此經文形容緣起，當然便大大不妥，這很明顯是引用錯誤。然而眞正的問題不僅於此而已。我們的疑惑在於：究其緣已生法的字義而言，這明顯是過去受動狀態；就時間義而言，這明顯是後出；就哲學義而言，它不具理則的普遍性（universal），就指涉義而言，它闡釋現象的殊異性（particular）；如此一來，豈堪謂之爲「若佛出世、若未出世。此法常住、法住法界」的貫時永恆義呢。況且，對讀其對照經《相應部》〈緣經〉（*Paccaya*）時，同時發現到同類用以形容的經文是解釋緣起，並非形容緣已生法〔註 10〕。而且每每論及緣已生法時，皆謂之爲無常（anicca）、有爲（saṅkhata）、緣生（paṭiccasamupanna）。並且指出凡是緣已生法，當緣滅之際亦將是滅盡之法（khayadhamma），敗壞之法（vayadhamma），離貪之法（virāgadhamma），滅法（nirodhadhamma）〔註 11〕。這全都是說明了「緣已生法」應從時間的無常生滅的意義來理解，這亦加深我們懷疑《雜阿含》二九六經的經文編排是否有誤呢？

印順法師在閱讀這段經文的態度顯然是「依義理不依文句」，不依「線性思惟」的方式，反而轉藉「錯置」（misplace）和「跳躍」（jump）的手法將經文裡的「此法」（框字部分）解讀爲前一句子的「因緣法」（底線部份）。這表面上看來雖是違離經意，但實質上卻暗中呼應了巴利對照經的原意，甚至就本文的設想與觀點而言，漢譯《雜阿含》二九六經關於「此法常住、法住法界」所要形容的對象正是印順法師指出的「緣起」，而非目前經文單純呈現的樣子，不過若我們對於現存經文靈活的斷句與詮釋，亦可改變其表面文義〔註 12〕。話說回來，當初據以漢譯的梵本已佚失，實況如何已難再現。重要

〔註 10〕經文如下：「何爲緣起耶？諸比丘！緣生而有老死。如來出世，或如來不出世，此界確立、法住性、法定性、此緣性」。*Saṃyutta-Nikāya* vol. II, pp. 25~28。漢譯請參見《相應部二》，《漢譯南傳大藏經》第十四冊，頁二九～三〇。

〔註 11〕*Saṃyutta-Nikāya* vol. II, p. 26。漢譯請參見《相應部二》，《漢譯南傳大藏經》第十四冊，頁三〇。

〔註 12〕《雜阿含》二九六經的原文是：「云何緣生法？謂無明、行。若佛出世，若未出世，此法常住。法住法界，彼如來自所覺知，成等正覺，爲人演說，開示顯發。謂緣無明有行，乃至緣生有老死。若佛出世，若未出世，此法常住，法住法界，彼如來自覺知，成等正覺，爲人演說，開示顯發。謂緣生故，有老、病、死、憂、悲、惱苦。此等諸法，法住、法空、法如、法爾、法不離

的是，以理推之，我們從中將能夠更有技巧地正確解讀緣起與緣已生法的關係。

至於，上述《佛法概論》的引文裡，印順法師提到「緣起是因果的必然理則，緣生是因果中的具體事象。現實所知的一切，是緣生法；這緣生法中所有必然的因果理則，才是緣起法。緣起與緣生，即理與事」的觀點，我們完全贊同而無異議。其中，提到「所以緣起可解說爲『爲緣能起』；緣生可解說爲『緣所已生』。這二者顯有因果關係，但不單是事象的因果」，印順法師認爲「但不單是事象的因果」一句，若這是指「即理與事」的關係，這點我們是贊同的。

但是，對於提到「這二者顯有因果關係」一句，印順法師認爲「緣起」與「緣已生法」兩者有因果關係的看法，我們在此想加以深入反省，因爲這很容易造成我們會誤解「緣起」（paṭicca-samuppāda）即是「緣」（paccaya），而導致「緣」、「緣已生法」與「緣起」概念彼此之間的區分變得混淆難明。依這裡引用的「爲緣能起」等字追查，這乃是印順法師尊重傳統立場而引述阿毘達磨論書的意見〔註 13〕。爲此我們必須考察阿毘達磨論書對這個問題的看法，再回來省察。

如、法不異如、審諦眞實、不顚倒，如是隨順緣起。是名緣生法。謂無明、行、識、名色、六入處、觸、受、愛、取、有、生、老、病、死、憂、悲、惱苦。是名緣生法。」本文將上述的框字部分，解讀爲「緣已生法」。

或者可以將經文重組如下：「若佛出世，若未出世，此法常住，法住法界。彼如來自所覺知，成等正覺，爲人演說，開示顯發。謂緣無明有行，乃至緣生有老死。若佛出世，若未出世，此法常住，法住法界。彼如來自覺知，成等正覺，爲人演說，開示顯發。此等諸法，法住、法空、法如、法爾、法不離如、法不異如、審諦眞實、不顚倒，如是隨順緣起。云何緣生法？謂無明、行。謂緣生故，有老、病、死、憂、悲、惱苦，是名緣生法。謂無明、行、識、名色、六入處、觸、受、愛、取、有、生、老、病、死、憂、悲、惱苦，是名緣生法。」如此一來，便可較爲清楚地區分緣起與緣已生法。

〔註 13〕請參見釋惠敏，〈「緣起」與「緣所生法相」——印順導師對「瑜伽行派學要」的觀點——〉，《印順思想——印順導師九秩晉五壽慶論文集——》（台北：正聞出版社，二○○○年四月），頁二四九～二五○。按「爲緣能起」一詞可見於《阿毘達磨俱舍論》卷九（《大正藏》卷二九，頁四九下）：「論曰：諸支因分說名緣起，由此爲緣能起果故。諸支果分說緣已生，由此皆從緣所生故」，或見於《阿毘達磨藏顯宗論》（《大正藏》卷二九，頁八四三上）：「論曰：諸支因分說名緣起。所以者何？由此爲緣能起果故，以於因果相繫屬中說緣起故，此緣起義」。

3.3 阿毘達磨論書觀點之考察

我們上面引用過《相應部》〈緣經〉（*Paccaya*）這部提到「緣起與緣已生法」的經典，這部經典在阿毘達磨佛教也受到相當重視，諸如《大毘婆沙論》、《俱舍論》或《清淨道論》都引用過這部經典，後者並且加以解說，認爲這部經典是理解「緣起」的重要經典。例如《大毘婆沙論》〔註14〕卷二三與《俱舍論》卷九，如下提到：

> 如世尊告諸苾芻言。吾當爲汝說緣起法（pratītya-samutpāda）緣已生法（pratītya-samutpannāṃś ca dharmān）。〔註15〕

隨後立即「問：緣起法與緣已生法差別云何」的問題。由於成立於西元一五〇年頃的《大毘婆沙論》，它是綜合了當時各家論師的解說與觀點而集成的巨著，豐富地呈現各家的資料。大致就《大毘婆沙論》所列舉諸論師的觀點而言，我們可以將有這些看法大致歸類爲兩大類，一類是主張緣起與緣已生法沒有差別，另一類認爲兩者有差別。前者是以《品類足論》爲代表，認爲兩者都是「謂一切有爲法，故知此二無有差別」；後者則是其他論師或論書的觀點，他們雖然認爲緣起與緣已生法之間是有差別，但是對於彼此差異之處又有不同的看法。在此我們先依序陳列《大毘婆沙論》所舉的諸說，然後再循序漸進地對於諸論師關於緣起與緣已生法之區別的觀點，從句型結構之分析的進路來考察諸論師對於緣起系列之結構的觀點。

3.3.1 《品類足論》觀點之考察

> 品類足論作如是言：云何緣起法？謂一切有爲法；云何緣已生法？謂一切有爲法。故知此二無有差別。〔註16〕

由於隨後的「有餘師說」到「尊者覺天說」等，都是對於《品類足論》認爲

〔註14〕《大正藏》卷二七，頁一一八上。

〔註15〕請參見玄奘譯的《阿毘達磨俱舍論》卷九（《大正藏》卷二九，頁四九下）：「如世尊告諸苾芻言，吾當爲汝說緣起法緣已生法。此二何異？」以及梵本 P. Pradhan, *Abhidharmakośa*, p. 136。此外，亦參見眞諦譯的《阿毘達磨俱舍釋論》卷七（《大正藏》卷二九，頁二〇六下）：「佛世尊說。比丘我今爲汝等。說緣生及緣生此所生諸法。此二句其義何異」。值得注意的是，玄奘將之譯爲「緣起法與緣已生法」，可見他把「緣起」與「法」並稱；但是眞諦的譯本以及梵本裡則是「緣起與緣已生法」，兩者並未於「緣起」後面附上「法」。

〔註16〕請參見《阿毘達磨大毘婆沙論》卷二三，《大正藏》卷二七，頁一一八上。

「緣起」與「緣已生法」沒有差別的觀點之提出反駁，可見這種籠統的無差別說並不被諸論師所認同。我們的看法是，若兩者無有差別則佛陀又何必於《相應部》〈緣經〉裡分別解說「緣起」與「緣已生法」，這顯然是彼此有差別，才需要詳細解說。若《品類足論》認爲緣起「謂一切有爲法」，則他將如何看待「法住性、法定性」與「如性、不虛妄性、不異如性」等緣起的理則呢？由於《品類足論》並未理解到「緣起」（理則）與（緣已生）「法」（事象）的差異，亦未理解緣起系列之句型結構裡「緣」與「緣已生法」的區別，以致於對阿含經的緣起概念有所混淆。

3.3.2 有餘師觀點之考察

> 有餘師說：亦有差別，謂名即差別，此名緣起法、彼名緣已生法故。復次，因名緣起法，果名緣已生法，如因果、如是能作所作、能成所成、能生所生、能轉所轉、能起所起、能引所引、能續所續、能相所相、能取所取，應知亦爾。復次，前生者名緣起法，後生者名緣已生法。復次，過去者名緣起法，未來現在者名緣已生法。復次，過去現在者名緣起法、未來者名緣已生法。復次，無明名緣起法，行名緣已生法，乃至生名緣起法，老死名緣已生法。〔註17〕

這裡的「有餘師」並未指名道姓是哪些「師」，可見這應該是當時一般流行或普遍被接受的看法，因爲不歸屬於特定論師或論書的觀點，才以「有餘師」代表之。這些觀點頗爲豐富，茲分類與批評如下。

3.3.2.1 謂名即差別

有餘師認爲：「謂名即差別，此名緣起法，彼名緣已生法」。這主要是指兩者名稱不同，但因爲它未涉及彼此內涵有何不同，也就無法批評之。

3.3.2.2 因名緣起法，果名緣已生法

有餘師認爲：「因名緣起法，果名緣已生法。如因果，如是能作所作、能成所成、能生所生、能轉所轉、能起所起、能引所引、能續所續、能相所相、能取所取、應知亦爾。」有餘師的這種觀點，於《俱舍論》裡亦可見到，如《俱舍論》云：

> 然今正釋契經意者。頌曰：「此中意正說，因起果已生」。論曰：「諸

〔註17〕《阿毘達磨大毘婆沙論》卷二三，《大正藏》卷二七，頁一一八上下。

> 支因分說名緣起，由此爲緣能起果故。諸支果分說緣已生。由此皆從緣所生故。如是一切二義（緣起、緣已生）俱成，諸支皆有因果性故。」〔註18〕

此種說法，除了說明是因果關係外，也有「能所」關係。而印順法師於《佛法概論》裡提到「緣起可解說爲『爲緣能起』；緣生可解說爲『緣所已生』。這二者顯有因果關係，但不單是事象的因果」的觀點，顯然是站在尊重《俱舍論》這裡的立場引用的。

此外，這種說法在《瑜伽師地論》「攝抉擇分」卷五六，討論「緣起善巧」也可以看到：

> 復次云何名緣生法？謂無主宰、無有作者、無有受者，無自作用，不得自在。從因而生，託眾緣轉，本無而有，有已散滅，唯法所顯，唯法能潤，唯法所潤，墮在相續，如是等相，名緣生法。當知此中，因名緣起，果名緣生。此無明隨眠，不斷有故，彼無明纏有。此無明纏生故，彼諸行轉。如是諸行種子不斷故，諸行得生。諸行生故，得有識轉。如是所餘諸緣起支流轉道理，如其所應，當知亦爾。〔註19〕

換言之，「無明」是因（緣起法），故有「行」之果生（緣已生法），「行」是因（緣起法），故有「識」之果生（緣已生法），其餘諸緣起支也都具有二義（緣起、緣已生），因爲都有因果性之故。亦是如上所引用《俱舍論》：「如是一切二義俱成，諸支皆有因果性故」之結論〔註20〕，而且，以「猶如父子等名」爲例，回答論敵：某人對自己的兒子名爲「父親」，但對對自己的父親名爲「兒子」，並不是某人對自己的兒子同時名爲「父子」二義，而是，某人觀待不同的對象（《俱舍論》說「所觀有差別故」）具有「二義」。〔註21〕

值得一提倒是，或許正是因爲《大毘婆沙論》與《瑜伽師地論》有如此類似的說法，印老在《性空學探源》才評論說：

> (1) 依緣起而說明緣生；緣起是因果事實所顯的必然理則，一切皆

〔註18〕《阿毘達磨俱舍論》卷九，《大正藏》卷二九，頁四九下。

〔註19〕《大正藏》卷三○，頁六一一中。

〔註20〕參見《阿毘達磨俱舍論》，《大正藏》卷二九，頁五○上。

〔註21〕本段文字參考釋惠敏，〈「緣起」與「緣所生法相」——印順導師對「瑜伽行派學要」的觀點——〉，《印順思想——印順導師九秩晉五壽慶論文集——》（台北：正聞出版社，二○○○年四月），頁二五○。

不能違反的定律。緣生是依這理則而生滅的事實因果法（緣所生法）。《雜阿含》二九六經所說的，就是這意思。西北的婆沙、瑜伽學者們，說緣起是因，緣生是果，雖也是一種說法，但忽略了緣起的必然理則性，未必是佛說緣起的本意吧！

(2) 依緣起開顯寂滅，也就是依有爲以開顯無爲。〔註22〕

的確，印順法師的評論是正確的，但語氣卻略帶委婉、保留與含蓄，然而還是可以再說明更清楚。關於以上《大毘婆沙論》的有餘師說「因名緣起法，果名緣已生法」、《俱舍論》說「諸支因分說名緣起，諸支果分說緣已生」以及《瑜伽論》說「因名緣起，果名緣生」的觀點，這顯然是以因果關係解釋「緣起」與「緣已生法」的關係。但是，我們認爲這些觀點可能是過於著重於 uppajjati（生起）這個動詞的變化狀態，以致於將名詞的「緣起」paṭiccasamuppāda 與過去受動分詞所形成的「緣已生法法」paṭiccasamuppanna dhamma 的關係，解釋爲時間繼起意義的因果關係。但是，就緣起系列句型結構而言，「緣」與「緣已生法」的關係才是因果關係，至於「緣起」則是指「（從）緣（而生起）緣已生法」的整體內容。如此一來，毘曇論師等將「緣起」與「緣已生法」解釋爲因果關係的觀點，這似乎是混淆了「緣」與「緣起」兩概念的分際。

3.3.2.3 前生者名緣起法，後生者名緣已生法

有餘師認爲：「復次，前生者名緣起法，後生者名緣已生法。復次，過去者名緣起法，未來現在者名緣已生法。復次，過去現在者名緣起法，未來者名緣已生法。」這裡雖然談到三種差異，但是基本上是從時間前後關係來斷定緣起與緣已生法，亦即「緣起法」與「緣已生法」是十二緣起前後因果次第流轉的關係。若是如此，則這種觀點亦難脫將「緣起」誤解爲「緣」之嫌疑。

3.3.2.4 無明名緣起法，行名緣已生法

有餘師認爲：「無明名緣起法，行名緣已生法，乃至生名緣起法，老死名緣已生法。」這段經文似乎是說十二緣起支裡，就彼此相繫的前後兩項而言，前項（無明）是「緣起法」，後項（行）是「緣已生法」；若是如此，這顯然也是將「緣起」與「緣」的概念混淆。除此之外，《順正理論》對上述有餘師

〔註22〕參見釋印順，《性空學探源》（台北：正聞出版社，一九四四年），頁五二。

的觀點也不認同，它提到「如是所說，不順經義，以契經中說無明等皆名緣起、緣已生故」。〔註 23〕

雖然有餘師這裡的觀點的確是不順經義，但是我們認為《順正理論》所提出來的評論也未必完全正確。因為就《阿含經》的觀點而言，「無明等皆是緣已生」這個觀點是正確的；但是「無明等皆名緣起」的說法就有待商榷，因為《阿含經》所說的緣起是「從無明之緣而生起行」，即從「緣」到「緣已生法」，並非單支的「無明」等「緣」或「緣已生法」。就此而言，《順正理論》的觀點亦未擺脫誤解「緣起」為「緣」的觀點。

3.3.3 脅尊者觀點之考察

> 脅尊者言：無明唯名緣起法，老死唯名緣已生法，中間十支亦名緣起法，亦名緣已生法。〔註 24〕

《順正理論》〔註 25〕裡提到脅尊者認為只有「老死」才能稱為緣已生法的理由是：「老死」不定生諸惑（無明），所以「老死」只能名為「緣已生法」；至於只有「無明」才能稱為緣起法的理由是：「無明」定能發起「諸行」，故「無明」只能名為「緣起」。而脅尊者的這種觀點，是限定十二緣起裡的某些支分是「緣起法」與「緣已生法」的解釋。

3.3.4 尊者妙音觀點之考察

> 尊者妙音作如是說：過去二支唯名緣起法，未來二支唯名緣已生法，現在八支亦名緣起法，亦名緣已生法。〔註 26〕

尊者妙音的觀點，亦是限定十二緣起裡的某些支分是「緣起法」與「緣已生法」的解釋。至於，《順正理論》對於上述二說的評論則是「如是二說，俱不

〔註 23〕《阿毘達磨順正理論》（《大正藏》卷二九，頁四九八中）：「有餘師說。無明名緣起。行名緣已生。如是展轉。乃至生名緣起。老死名緣已生。如是所說。不順經義。以契經中說無明等皆名緣起緣已生故。有說。無明唯說名緣起。最後老死唯名緣已生。中間十支。俱通二義。非老死位定生諸惑。是故老死唯名緣已生。無明定能發起諸行。故無明位唯說名緣起。諸對法者。有作是言。前際二支。說名緣起。此二意說。為因性故。後際兩位。名緣已生。中際八支。皆通二義。如是二說。俱不順經。經說諸支皆通二故」。

〔註 24〕《阿毘達磨大毘婆沙論》卷二三，《大正藏》卷二七，頁一一八中。

〔註 25〕《阿毘達磨順正理論》（《大正藏》卷二九，頁四九八中）：「非老死位定生諸惑，是故老死唯名緣已生。無明定能發起諸行，故無明位唯說名緣起」。

〔註 26〕《阿毘達磨大毘婆沙論》卷二三，《大正藏》卷二七，頁一一八中。

順經，經說諸支皆通二（緣起、緣已生法）故」〔註 27〕。但是我們對於《順正理論》的批評如前「無明名緣起法，行名緣已生法」一節裡所述。

3.3.5 尊者望滿觀點之考察

> 尊者望滿說有四句：有緣起法、非緣已生法，謂未來法。有緣已生法、非緣起法，謂過去現在阿羅漢最後五蘊。有緣起法、亦緣已生法，謂除過去現在阿羅漢最後五蘊，諸餘過去現在法。有非緣起法、亦非緣已生法，謂無爲法。〔註 28〕

尊者望滿的「四句說」是從過去、現在、未來等三世的觀點，將「緣起法」與「緣已生法」作四種相配的分析：

1. 有緣起法、非緣已生法：謂未來法（生、老死）。
2. 有緣已生法、非緣起法：謂過去、現在阿羅漢最後五蘊。
3. 有緣起法、亦緣已生法：謂除過去、現在阿羅漢最後五蘊，諸餘過去、現在法。
4. 有非緣起法、亦非緣已生法：謂無爲法。

此尊者望滿的「四句說」在《俱舍論》〔註 29〕、《順正理論》〔註 30〕也被引用。但是，《俱舍論》對於尊者望滿上述第一項裡認爲「有緣起法、非緣已生法，謂未來法」的觀點提出批評。《俱舍論》認爲「若未來法，非緣已生，豈不違害契經所說。」亦即，若未來諸法（生、老死）不是「緣已生法」，則不合《雜阿含》二九六經的意思，因爲經說：「如說云何緣已生法？謂無明行至生老死。生與老死，既在未來而經說爲緣已生法。」〔註 31〕

對於上述尊者望滿的第一項，《順正理論》則從毘婆沙師的觀點，以「生

〔註 27〕《阿毘達磨順正理論》卷二八，《大正藏》卷二七，頁四九八中。

〔註 28〕《阿毘達磨大毘婆沙論》卷二三，《大正藏》卷二七，頁一一八中。

〔註 29〕《俱舍論》（《大正藏》卷二九，頁五〇上）：「尊者望滿意謂：諸法有是緣起、非緣已生，應作四句。第一句者，謂未來法。第二句者，謂阿羅漢最後心位過現諸法。第三句者，餘過現法。第四句者，諸無爲法。」

〔註 30〕《順正理論》（《大正藏》卷二九，頁四九八上）：「尊者望滿說：諸法內，有是緣起、非緣已生，應作四句。第一句者，謂未來法。第二句者，謂阿羅漢最後心位過、現諸法。第三句者，餘過現法。第四句者，謂無爲法」。

〔註 31〕《俱舍論》（《大正藏》卷二九，頁五〇上）：「所說四句理亦不然。若未來諸法非緣已生者，便違契經。經說：云何緣已生法？謂無明行至生老死。或應不許二（生、老死）在未來，是則壞前所立三際」。

身展轉」的理由，為「無明、行支，及生、老死，如何可為現在所攝？」疑問辯護。《順正理論》認為：就（現在世與）未來世二生身說而言，現在世的「愛、取、有」，可名為（未來世的）「無明、行」；從（現在世與）過去世二生身說而言，現在（世的）「識、名色……乃至受」，可名為（過去世的）「生、老死」。故過去世、未來世四支（無明、行；生、老死），皆可屬於現在世的範疇。換言之，若無明、行二支在現在世，其餘十支在未來世；若生、老死二支在現在世，其餘十支在過去世。因此，十二緣起支，皆可屬於現在世的範疇。所以，《順正理論》認為未來諸法（生、老死）亦可名「緣已生法」。〔註 32〕

雖然《順正理論》隨後並未對尊者望滿的其它三項觀點批評，但是從《順正理論》以「今詳尊者所說義意，若從因已起名緣已生，若與餘為因說名緣起」〔註 33〕來理解尊者望滿對於「緣起」、「緣已生法」的主要觀點看來，顯然尊者望滿的立場亦不脫「因名緣起法，果名緣已生法」的模式，這難免又混淆「緣起」與「緣」之間的分際。

3.3.6 《集異門論》及《法蘊論》觀點之考察

> 集異門論及法蘊論俱作是說：若無明生行，決定安住不雜亂者，名緣起法、亦名緣已生法。若無明生行，不決定不安住而雜亂者，名緣已生法、非緣起法，乃至生除老死應知亦爾。〔註 34〕

《集異門論》與《法蘊論》是以十二支緣起生時（無明生行，乃至生除老死應知亦爾）之「決定安住不雜亂者」與「不決定不安住而雜亂者」來分辨「緣起法」與「緣已生法」。但這種觀點應該是論師自己的詮釋，因為《阿含經》並未見過類似觀點。

〔註 32〕《順正理論》（《大正藏》卷二九，頁四九八上）：「此無違害，且應審知：一切有支，皆有為故。一一定為三世所攝。無明、行支，及生、老死，如何可為現在所攝？由約生身展轉理故。約未來世二生身說，現在愛、取、有，得無明、行名。約過去世二生身說，現在識至受，得生老死名。故過未四支，皆可現在攝。然彼尊者復作是言：若無明、行二在現在，彼餘十支在未來世，八無間當生二，第三當生。若生、老死二在現在，彼餘十支在過去世，八無間已滅二，第三已滅。由如是理，十二有支，一切可為現在世攝。故生、老死，亦名已生。由此與經無違害失。非未已生位，可說為已生。今詳尊者所說義意。若從因已起名緣已生。若與餘為因說名緣起。」

〔註 33〕《順正理論》，《大正藏》卷二九，頁四九八上。

〔註 34〕《阿毘達磨大毘婆沙論》卷二三，《大正藏》卷二七，頁一一八中。

3.3.7 尊者世友觀點之考察

尊者世友作如是說：若法是因名緣起法，若法有因名緣已生法。復次，若法是和合名緣起法，若法有和合名緣已生法。復次，若法是生名緣起法，若法有生名緣已生法。復次，若法是起名緣起法，若法有起名緣已生法。復次，若法是能作名緣起法，若法有能作名緣已生法。〔註35〕

在此尊者世友以「因、和合、生、起、能作」與「有因、有和合、有生、有起、有能作」等等關係來分別「緣起法」與「緣已生法」。「因」（hetu; cause）與「有因」（hetumat; having a cause, proceeding from a cause）之間，顯然「有因」所指的不外是「果」。就此而論，「若法是因名緣起法，若法有因名緣已生法」一句與《大毘婆沙論》有餘師說「因名緣起法，果名緣已生法」的觀點，亦沒有太大差別。至於有餘師說的「能所」關係（能作所作、能成所成、能生所生、能轉所轉、能起所起、能引所引、能續所續、能相所相、能取所取），也與尊者世友認為緣起與緣已生法是「能作」與「有能作」的關係相似。

3.3.8 大德（法救）觀點之考察

大德說曰：轉名緣起法，隨轉名緣已生法。〔註36〕

在此，大德法救以「轉」作為緣起法。由於《大毘婆沙論》並未對大德法救的觀點提出更多的描述與界定，就此而言，無法確知其所謂的「轉」義為何？但若依《雜阿含經》常將「因、集、生、轉」等詞並用而視為同義詞的觀點看來〔註37〕，大德法救的觀點似乎也不脫離有餘師說「因名緣起法，果名緣已生法」的模式。

若根據《瑜伽師地論》「攝事分」對上述《雜阿含》二九六經中，佛告苾芻：「吾當為汝說緣起法及緣已生法」的教說，其解釋是：「復次、由二因緣，於諸「緣起」及「緣生法」，建立二分差別道理：謂如所流轉故，及諸所流轉故。」〔註38〕雖然目前沒有《大毘婆沙論》現存的梵本或藏譯本，不能

〔註35〕《阿毘達磨大毘婆沙論》卷二三，《大正藏》卷二七，頁一一八中下。

〔註36〕《阿毘達磨大毘婆沙論》卷二三，《大正藏》卷二七，頁一一八下。

〔註37〕《雜阿含》五七經（《大正藏》卷二，頁一四上）：「彼愛何因？何集？何生？何轉？彼愛受因、受集、受生、受轉」。

〔註38〕《瑜伽師地論》，《大正藏》卷三〇，頁八三三上。

確認此解是否與上述《大毘婆沙論》之大德（法救）：「轉名緣起法，隨轉名緣已生法」的說法有關，但是部分學者指出應該是有類似可能性。〔註 39〕

3.3.9 尊者覺天觀點之考察

> 尊者覺天作如是說：諸法生時名緣起法，諸法生已名緣已生法。〔註 40〕
>
> 契經所說緣起法緣已生法如是差別。

《大毘婆沙論》裡各家論師對於「緣起法與緣已生法差別云何」的問題到此結束。尊者覺天認爲「諸法生時名緣起法」，但是《大毘婆沙論》並未對此多加解釋，因此若僅就字面文義看來，這種說法還是有缺陷的。因爲異學外道論及「生」時，有「自生」、「他生」等說法，因此若尊者覺天這裡所謂的「生」是指「自生」或「他生」，顯然就非佛陀本意了。就算這裡的「生」是指「因緣生」，那麼因緣生起時的諸法也應該是指「緣已生法」，而非緣起本身。

3.3.10 覺音《清淨道論》觀點之考察

巴利上座部對於《阿含經》「緣起」與「緣已生法」之差別的看法，可見於覺音（Buddhaghosa）所著的《清淨道論》（*Visuddhimagga*）。《清淨道論》把佛陀的教法整理爲戒、定、慧三學，其中「慧學」所探討的內容包括「五蘊、十二處、十八界、二十二根、四諦、緣起」等。至於種種關於「緣起」的解釋，可見於《清淨道論》第一七章「說慧地品」（Paññābhūmi-Niddesa）。在此，我們藉由這個部份檢討覺音對於「緣起」與「緣已生法」的觀點。

覺音於〈說慧地品〉的開始，引用《相應部》〈法說經〉（*Desanā*）與〈緣經〉（*Paccaya*）兩經文後，便對「緣起」與「緣已生法」加以定義，如論云：

> Paṭiccasamuppādo ti paccaya-dhammā veditabbā. Paṭiccasamuppannā dhammā ti tehi tehi paccayehi nibbattadhammā.
>
> （當知緣起是緣之諸法。緣已生〔諸〕法是從各個〔諸〕緣所生起的〔諸〕法。）〔註 41〕

〔註 39〕請參見釋惠敏，〈「緣起」與「緣所生法相」——印順導師對「瑜伽行派學要」的觀點——〉，《印順思想——印順導師九秩晉五壽慶論文集——》（台北：正聞出版社，二〇〇〇年四月），頁二五三～二五四。

〔註 40〕《阿毘達磨大毘婆沙論》卷二三，《大正藏》卷二七，頁一一八下。

〔註 41〕*Visuddhimagga* p. 518。漢譯請參考：《清淨道論三》，《漢譯南傳大藏經》卷六九，頁一四八；或葉均譯，《清淨道論》（台北：華宇出版社），頁一四四。

亦即，覺音所謂的「緣起」即是「緣（之諸法）」（paccaya-dhammā），顯然他傾向於將「緣起」解釋爲「緣」。若依他的觀點推之，以「緣無明而有行」爲例，「無明」即是緣起；再者，以「緣行而有識」爲例，「行」即是緣起。日籍學者平川彰亦指出與解釋：「這裡的無明與行是『緣』，因爲在這個『緣』之中含有生起『行』與『識』等所生之法的力量，所以把『緣』看作是『緣起』。因此，把無明與行等有爲法裡所具備的力量這般地看成緣起。而且，在它們的力量之外，並不認爲它們是作爲法則的力量、無爲的緣起。因此，這與《俱舍論》把十二緣起的十二支的『因分』當作『緣起』，而把『果分』解釋爲『緣已生法』的說法，在基本上是沒有差別的。」〔註42〕

就此而言，這與上述提到的阿毘達磨諸論師或論書對於「緣起」的理解或有小變化，但基本的觀點仍是相同的。換言之，「緣起」與「緣」兩概念之間並未作嚴格區分，因而原本「緣」與「緣已生法」的因果關係，便被解釋爲「緣起」與「緣已生法」的關係爲因果關係。

3.4 小結

在結束本文之前，我們再回顧《相應部》〈法說經〉（*Desanā*）提到「緣起」即是從「緣」到「緣已生法」之間的整體內容。如經云：

> 什麼是緣起（paṭiccasamuppāda）？諸比丘！從無明之緣而生起行，從行之緣而生起識，從識之緣而生起名色，從名色之緣而生起六處，從六處之緣而生起觸，從觸之緣而生起受，從受之緣而生起愛，從愛之緣而生起取，從取之緣而生起有，從有之緣而生起生，從生之緣而生起老死、愁、悲、苦、憂、惱。如是，此乃全苦蘊之集。
>
> （Avijjāpaccayā bhikkhave saṅkhārā, saṅkhārapaccayā viññāṇaṃ, viññāṇapaccayā nāmarūpaṃ, nāmarūpapaccayā saḷāyatanaṃ, saḷāyatanapaccayā phasso, phassapaccayā vedanā, vedanāpaccayā taṇhā, taṇhapaccayā upādānaṃ upādānapaccayā bhavo, bhavapaccayā jāti jātipaccayājarāmaraṇaṃ soka-parideva-dukkha-domanassupāyasā

〔註42〕平川彰也指出覺音將「緣起」視爲「緣」的觀點，並且他自己地接受這種觀點而無任何批判。參見平川彰，《法と緣起》（東京：春秋社，一九九二年五月第三刷），頁三二三。

sambhavanti. Evam etassa kevalassa dukkhakkhandhassa samudaya hoti.）

經文以「緣起」（paṭiccasamuppāda）這個名詞指謂著「（從）緣（而生起）緣已生法」的整體內容；因而緣起系列之句型結構裡，可簡單區分爲「緣」（paccaya）與「緣已生法」兩項。因爲「緣起」是指「（從）緣（而生起）緣已生法」的整體內容，若就嚴密意義而言，「緣起」當然有別於「緣」，亦有別「緣已生法」。然而，或許是甚深的緣起不容易被解釋清楚，因而著重分析學風的阿毘達磨論師們，善巧地將「緣起」理解爲「緣」，並且將「緣起」與「緣已生法」的關係理解爲因果關係。雖然這般讀法有助於讀者容易掌握因果關聯，但是值得提醒的是，我們必須瞭解「緣起」乃是指謂著「（從）緣（而生起）緣已生法」的整體內容，如此才不會因爲它被善巧地詮釋爲「緣」時，反而忽略其深刻且豐富的意涵。

4 緣起之界：
《相應部》〈緣經〉之界（dhātu）詮釋

摘要

首先，本文於（一）「前言」裡，從「編輯者（對於佛典）之詮釋性」的觀點，推論出《雜阿含》「雜因誦」裡的四個重要主題是「緣起、食、諦、界」。這四個主題雖是各自分立，卻是用以側面表達「緣起」的重要概念，無法切割開來處理，因此當我們論及初期佛教緣起概念時，亦必須將其他三種概念納入討論，如此才能描述出初期佛典編輯者所理解之緣起（因緣）概念的一般性意義。

其次，於（二）「相關研究之省察」裡，分別解析從今日學界以至於傳統解釋裡，「界」義被誤解爲「自性」義的問題。這個部分，我們藉由松本史朗的批判佛教立場與問題爲引子，並且檢視平川彰爲代表的觀點，進而對「界」義作考察，提出我們的質疑。

進而，於（三）「重新評估《相應部》〈緣經〉（*Paccaya*）之『界』義」裡，我們則是透過文法分析重新解讀《相應部》〈緣經〉之「界」義，指出「界」是指從「緣」到「緣已生法」之範圍義，此範圍呈現緣起系列的整體內容，而有別於《清淨道論》以「緣之自性」解釋「界」的傳統。

最後，於（四）「結論」裡，我們爲本文的觀點作一小結。

4.1 前言

4.1.1 《雜阿含》「雜因誦」之緣起、食、諦、界相應

《阿含經》所談的「界」義，實與「緣起」之間相關相繫，這點從《雜阿含經》的結集者將「界相應」（即與界義相關的經群）經文編輯於「雜因誦」內看得出來。然而，除了「緣起」與「界」之外，其他位於《雜阿含經》「雜因誦」內的重要開示內容的經群，尚有以「食」與「諦」等爲內容的經群，部分也涉及篇幅較少的「受」〔註1〕。關於這些重要的主題，《瑜伽師地論》「聲聞地」則大體將之區分爲「緣起相應」、「食相應」、「諦相應」與「界相應」，藉此稱呼上述這些初期佛教的經群與思想〔註2〕。由此看來，《瑜伽師地論》的作者認爲《雜阿含經》「雜因誦」的內容重點，分別可藉由「緣起、食、諦、界」四個重要主題代表。

除此之外，《瑜伽師地論》「本地分」論及「諸佛語言九事所攝」，這裡所謂「九事」〔註3〕的內容就是指《雜阿含經》的內容。而「雜因誦」內的四個

〔註1〕雖然《雜阿含經》「雜因誦」相當於《相應部》「因緣誦」（Nidāna-Vagga），但是上述提到的《相應部》「因緣誦」之「緣起相應」、「食相應」、「諦相應」與「界相應」四項裡，只有「緣起相應」與「界相應」兩項是納入於《相應部》「因緣誦」，至於「食相應」則被收編爲《相應部》「因緣誦」之「緣起相應」裡的「食品」，並未獨立成爲「食相應」。

至於《相應部》則將「諦相應」納入於「大品」（Māha-Vagga）而與「覺支相應」、「念處相應」等與修道相關的法門並列；由此可推想，《相應部》的編輯者傾向於將「諦相應」解釋爲修道法要，至於《雜阿含經》的編輯者傾向於將「諦相應」解釋爲「因緣」。

然而，本文僅是藉由《雜阿含》「雜因誦」裡所列舉之「緣起」、「食」、「諦」、「界」四種主題概念，作爲探討緣起概念之一般性意義的進路，因此重點是在這四種概念的交涉本身，而不是不同部派傳承對於這些概念的差異性。因此，南北傳《阿含經》裡不同「相應」之文本的編排，並不會妨礙本文的論述，反而其對比後的差異更能作爲詮釋的資源。

〔註2〕《瑜伽師地論》卷二五「聲聞地」（《大正藏》卷三○，頁四一八中）：「云何契經？謂薄伽梵於彼彼方所，爲彼彼所化有情，依彼彼所化諸行差別，宣說無量蘊相應語處相應語。緣起相應語、食相應語、諦相應語、界相應語、聲聞乘相應語、獨覺乘相應語、知來乘相應語、念住正斷神足根力覺支道支等相應語，不淨息念諸學證淨等相應語。結集如來正法藏者，攝聚如是種種聖語，爲令聖教久住世故，以諸美妙名句文身，如其所應次第安布次第結集。謂能貫穿縫綴種種能引義利，能引梵行，眞善妙義，是名契經。」

〔註3〕關於「九事」的次第開合，現有《瑜伽師地論》「本地分」（《大正藏卷三○，頁二九四上》與「攝事分」（《大正藏》卷三○，頁七七二下）與《根本說一

主題亦納入其中的四事，如論云：「生起事者謂十二分事，緣起及緣生。安住事者謂四食。染淨事者謂四聖諦。差別事者謂無量界」〔註4〕，輕描淡寫地將「雜因誦」的重點勾劃出來。一方面，從這些形容的文字我們可以得知《瑜伽師地論》對於這些主題的內容有著自己的理解與詮釋，這可視爲是《瑜伽師地論》作者對於《雜阿含經》「雜因誦」內容大綱的摘要性評論；另一方面，這也說明了「緣起、食、諦、界」在後代論師的眼光裡，它們的確是「雜因誦」的重要的相關議題，所以才値得萃取出來討論。甚至，由此也可以推論到：正是「緣起、食、諦、界」四個主題彼此思想之間的緊密相繫，因此初期佛典的集結者或編輯者認爲必須納入「雜因誦」內容裡一併處理，才能完整地且各面向地表達各自或整體的意義。

4.1.2 編輯者對於佛典之詮釋性

我們的設想是：由於初期佛教的經典結集或經典文類編輯等工作，這是透過後代佛弟子對於經驗與資料的憶持與理解來進行的活動，因此它並不是對既有各類經群加以無目的地切割或機械性地組合，其中必然包括編輯者（比丘）或編輯群（僧團）對於資料本身的理解與詮釋。就此而言，經典結集的過程與經典內文類編輯等活動，必然地參與了初期佛教裡佛弟子對於佛陀教法的理解與詮釋，並且佛弟子依據這些理解與詮釋，使得原本漫無次序的群經予以系統化。這點我們或可稱之爲「編輯者（對於佛典）之詮釋性」，因爲從《阿含經》整體，當可見到某些特定的經群被安置於特定的誦品裡，甚至是於特定的位置，大致可以瞭解。這種情形亦可從《根本說一切有部毘奈耶雜事》說明「五百結集」之事時看到，如論云：

此阿難陀今皆演說，諸阿羅漢同爲結集。但是五蘊相應者，即以蘊

切有部毘奈耶雜事》（《大正藏》卷二四，頁四〇七中）等三說。至於就整個九事內容而言，上述三說，雖次第前後不一致，而內容大體一致。但若就「緣起、食、諦、界」四事而論，《瑜伽師地論》四事皆論及，而《雜事》則省略「食」事。上述相關資料的比較，亦請參照釋印順，《原始佛教聖典之集成》（台北：正聞出版社，一九九四年），頁六三二～六三三。

〔註4〕《瑜伽師地論》卷三「本地分」（《大正藏》卷三〇，頁二九四上）：「又復應知諸佛語言九事所攝。云何九事？一有情事、二受用事、三生起事、四安住事、五染淨事、六差別事、七說者事、八所說事、九眾會事。有情事者謂五取蘊，受用事者謂十二處，生起事者謂十二分事，緣起及緣生。安住事者謂四食，染淨事者謂四聖諦，差別事者謂無量界，說者事者謂佛及彼弟子，所說事者謂四念住等菩提分法，眾會事者所謂八眾。」

品而爲建立。若與六處十八界相應者，即以處界品而爲建立。若與緣起聖諦相應者，即名緣起而爲建立。若聲聞所說者，於聲聞品處而爲建立。若是佛所說者，於佛品處而爲建立。若與念處正勤神足根力覺道分相應者，於聖道品處而爲建立。若經與伽他相應者，此即名爲相應阿笈摩（舊云雜者取義也）。若經長長說者，此即名爲長阿笈摩。若經中中說者，此即名爲中阿笈摩。若經說一句事二句事乃至十句事者，此即名爲增一阿笈摩。〔註5〕

從《根本說一切有部毘奈耶雜事》與《瑜伽師地論》「聲聞地」與「本地分」所提到的內容，我們可以看到，僅管各個部派或宗派的論師對於教法綱要的開合不一，但是佛教典籍的集成與編輯的原則，大致不離同質性高的相關議題安排於一處，異質性高的不相關議題則分開處理。若是如此，對於初期佛典的編輯者將「緣起、食、諦、界」等不同主題的經群編輯在「雜因誦」內，其中的理由便値得我們高度重視與探究，因爲這些主題之間必然有高度的同質性或相關性才會促成彼此被匯集成章誦。

前文裡，我們用了一些篇幅處理吾人於理解「緣起」之前的初步工作與基礎，其用意是爲了確定緣起系列之句型結構。對於這個部分，我們的寫作策略是藉由「緣已生法」之考察，來確立「緣」之名詞詞性，進而依照歷來漢譯經文與巴利經文裡的緣起系列之句型結構，由隱而顯地分析爲「緣——緣已生法」兩項，而「緣起」即是從「緣」到「緣已生法」的整體內容。

然而，初期佛典談及「緣」與「緣已生法」之關係時，往往將之分別對應於「此有故彼有，此生故彼生；此無故彼無，此滅故彼滅」（imasmiṃ sati idaṃ hoti, imass'uppādā idaṃ uppajjati, imasmiṃ asati idaṃ na hoti, imassa nirodhā idaṃ nirujjhati）〔註6〕句裡的「此」與「彼」。正是如此，若從時間先後的關係來看，前項的「此」（緣）與後項的「彼」（緣已生法），也就經常被解釋爲時間順序的因果關係；至於，「緣起」則被初期佛典賦與「法住性、法定性、此緣性」〔註7〕或「此（緣起）法常住，法住法界」〔註8〕等詞，強調

〔註5〕《根本說一切有部毘奈耶雜事》卷三九，《大正藏》卷二四，頁四〇七中下。

〔註6〕*Udāna*, pp. 1~3。漢譯請參考《小部》，《漢譯南傳大藏經》第二六冊，頁五七～五九。

〔註7〕*Saṃyutta-Nikāya* vol. II, pp. 25~28。漢譯請參見《相應部二》，《漢譯南傳大藏經》第十四冊，頁二九～三一。

〔註8〕《雜阿含》二九六經，《大正藏》卷二，頁八四中。

其恆貫性的特色。在此考量下，學者們認為「緣起是因果的必然理則」〔註 9〕，或者把「緣起」與「緣已生法」看成是「理與事」，這些觀點自然有其經典依據。

不過，也有阿毘達磨論師，把「緣起」過度化約為名詞詞性的「緣」，在「緣起」與「緣」概念未分的情況下，將「緣起」與「緣已生法」的關係理解為因果關係。但是我們必須瞭解，「緣起」乃是指謂著「（從）緣（而生起）緣已生法」的整體內容，若將「緣起」過度化約為因位的「緣」，這可能會讓我們忽略佛陀說教緣起的甚深義，甚至忽略「緣起」是使因果關係成立的理則性。前文的論述，我們大致是從結構之側面考察緣起系列之結構項。

4.1.3 本文隨後的思考進路

然而，若要理解佛陀所說的「緣起」，僅停留於這個結構之側面的探討是絕對不夠的，而《雜阿含經》的編輯者其實也意識到這一點，因此才「舉一隅以三隅返」地將「緣起、食、諦、界」等經群安置於「雜因誦」內，藉此從其它側面再返過頭來解說緣起的深義。那麼目前的問題便在於，該如何去發掘這些主題之間隱而不見的關係與聯繫呢？或者《雜阿含經》的編輯者對於「雜因誦」內容這般安排的意圖是如何呢？這是非常值得我們關注的問題，亦是本文隨後思考的進路。

原則上，本文對於「雜因誦」裡此四個主題之間的關係，將採取以下的四個觀點，一方面展開這四個主題的討論，一方面則藉以回答我們所提出的問題，與解釋當初聖典編輯將這些同質性高的主題編排於「雜因誦」內的企圖。這四個觀點即：

1. 從「結構」之側面探討緣起系列之結構。
2. 從「範圍」之側面探討緣起系列之界。
3. 從「要義」之側面探討緣起系列之諦。
4. 從「食」（food、eat）之側面探討緣起系列之食。

至於上述的第一個觀點，我們已於前文裡考察過，並且認為這個部分是討論緣起前的理解基礎與先行準備，若缺乏或逾越這個步驟，將難以循序漸進地討論我們接下來的「緣起」論題。以下，我們將按部就班地從「界」、「諦」、「食」等主題與觀點考察「緣起」。

〔註 9〕印順，《佛法概論》（台北：正聞出版社，一九九二年），頁一四九。

4.2 相關研究之省察

4.2.1 問題之提出

「界」（dhātu）這個術語，於佛教之前的印度思想裡就被廣泛地使用，在佛教裡面，它亦是相當重要的教理用語。所謂「蘊、處、界」的「三科」教理不但是初期佛教教理的基礎，即使是在佛教後來的發展中，它們也被視爲重要的教理。然而歷來對於「界」解釋有著相當廣泛的意義，以至於彼此觀點跨幅甚大。舉例而言，說到界的意義，一般大都以《俱舍論》的「種族」（gotra）義來作爲代表。如《俱舍論》云：

> 法種族義是界義，如一山中有多銅鐵金銀等族說名多界。如是一身，或一相續有十八類諸法種族，名十八界。〔註10〕

然而《成唯識論》卷三裡也提到：

> 謂有大乘阿毘達磨契經中說：「無始時來界，一切法等依，由此有諸趣，及涅槃證得。」
>
> 此第八識自性微細，故以作用而顯示之。頌中初半顯第八識爲因緣用，後半顯與流轉還滅作依持用。界是因義，即種子識無始時來展轉相續親生諸法故名爲因。依是緣義，即執持識無始時來與一切法等爲依止故名爲緣。〔註11〕

平川彰指出〔註12〕，「無始時來界」一句是引自《大乘阿毘達磨經》的偈文，而這偈文在無著的《攝大乘論》、世親與無性的《攝大乘論釋》或安慧的《唯識三十頌釋》、漢譯的《成唯識論》等都引用過它來作爲證明「阿賴耶識」存在的教證〔註13〕。此外，這偈文的梵文都同樣地被引用於安慧的《唯識三十頌釋》和《寶性論》的梵本裡，並且《寶性論》也引用它來作爲「如來藏」

〔註10〕《阿毘達磨俱舍論》卷一，《大正藏》卷二九，頁五上。

〔註11〕《成唯識論》卷三，《大正藏》卷三一，頁一四上。

〔註12〕參見平川彰，《法と緣起》（東京：春秋社，一九九二年五月第三刷），頁五五九～五六三。

〔註13〕《攝大乘論》卷上，佛陀扇多譯，《大正藏》卷三一，頁九七中。眞諦譯，《大正藏》卷三一，頁一一四上。玄奘譯，《大正藏》卷三一，頁一三三中。《攝大乘論釋》卷一，眞諦譯，《大正藏》卷三一，頁一五六下。笈多共行矩等譯，《大正藏》卷三一，頁二七三中。世親釋，玄奘譯，《大正藏》卷三一，頁三二四上。無性釋，玄奘譯，《大正藏》卷三一頁，三八三上。《成唯識論》卷三，《大正藏》卷三一，頁一四上。Sylvain Luvi, *Viñaptimātratāsiddhi, Viṃśatikā et Triṃśikā*, Paris, 1925, p. 37.

存在的教證〔註 14〕。平川彰認為，阿賴耶識與如來藏兩種思想皆依據「無始時來界」一偈，分別把界視同於輪迴主體的阿賴耶識，以及把界視同為如來藏，由此可知此偈於義理上的複雜性格。〔註 15〕

由上可知，「界」義從《俱舍論》的「種族」義，進而轉變為阿賴耶識的「輪迴主體」，或轉變為界即「如來藏」的解釋，從這般多樣的轉變看來，「界」（dhātu）的確是相當不容易被理解的佛教術語之一，它本身已然深帶著歧義性。而其所以在佛教後來思想發展的脈絡中，演變為帶有豐富意涵的解釋，這一方面是因為作為佛教諸經源頭的《阿含經》以較為淺顯的文句說明界義，在未嚴格定義與解釋下，給予後來論師相當多的詮釋空間；另一方面，語言本身亦是歷史文化的產物，有其適時而生的衍義，隨著語用情境的時空不同而語義漸遷。但是，由歷來經論重視界義解釋之情形看來，從而也彰顯出釐清《阿含經》界義的重要性。然而，在正式釐清《阿含經》「界」的意義之前，先就目前學界的這些論諍與誤解作一回顧，然後再藉由回溯的進路，對於佛教後來發展的界思想加以考察，這將有助於我們考察「界」義的廣度與深度。

4.2.2 松本史朗的 dhātu-vāda 批判

論及「界」（dhātu）義的省察時，當不可忽略於八〇年代中期，以松本史朗與袴谷憲昭等日本學者為代表的「批判佛教」陣營。而前者更自設 dhātu-vāda 這個術語藉以象徵「偽佛教」思想，並認為它是具有一元論色彩的梵我論，且與佛陀所教的緣起無我思想相背反〔註 16〕。若直譯 dhātu-vāda 這個術語，也可簡明地翻譯為「界說」。然就松本的理解而言，所謂的“dhātu”其原意是

〔註 14〕E. H. Johnston, *The Ratnagotravibhāga Mahāyānottaratantraśāstra*, Patna, 1950, p. 72。《究竟一乘寶性論》卷四，《大正藏》卷三一，頁八三九上。

〔註 15〕參見平川彰，《法と緣起》（東京：春秋社，一九九二年五月第三刷），頁五六〇。

〔註 16〕關於 dhātu-vāda 這個概念，請參見松本史朗，〈『勝鬘經』の一乘思想について〉《緣起と空》（東京：大藏出版社，一九九三年三版），頁二九九～三三四。松本史朗著，呂凱文譯〈如來藏思想不是佛教〉《法光月刊》（台北：法光佛教文化研究所，一九九八年二月）一〇一期。至於國內學者關於日本批判佛教思潮的介紹，請參見林鎮國，《空性與現代性》（台北：立緒文化，一九九九年），頁二一～四三；或參見呂凱文，《當代日本「批判佛教」研究：以「緣起」、「dhātu-vāda」為中心之省察》（台北：國立政治大學哲學研究所碩士論文，一九九五年）。

指「放置的場所」，亦即是「基體」或英語所謂的"Locus"的意思，它全然沒有「本性」、「本質」的意思。因而他將 dhātu-vāda 解釋爲「基體說」，認爲這種基體說正是「從單一實在的基體（dhātu、界）生出多元之法（dharma）」的主張，或者也可以簡稱爲「發生論的一元論」或「根源實在論」。至於 dhātu-vāda 的結構，可由下圖說明：〔註 17〕

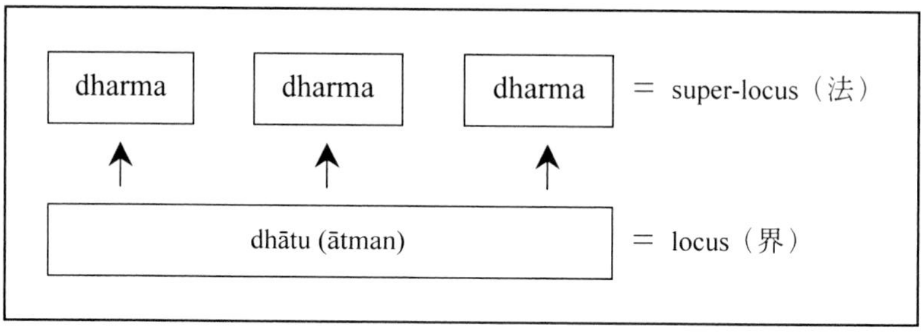

如圖所示，整個圖可以區分爲下層的"locus"（略稱：L）和上層的"super-locus"（略稱：S）兩部分，至於"dhātu-vāda"結構的特徵如下：(1) L 是 S 的基體；因此(2) L 是產生 S 的原因。(3) L 是單一的，S 是多數的。(4) L 是實在，S 是非實在。(5) L 是 S 的本質（ātman）。(6)雖然 S 是非實在，不過由於它是 L 所生，又以 L 作爲本質，所以 S 具有某程度的實在性，或具有實在性的根據。

松本史朗也認爲 dhātu-vāda 的基本結構也可以藉《大乘阿毘達磨經》（MAS）和《現觀莊嚴論》（AA）下列的偈簡潔表示：〔註 18〕

（1）anādikāliko dhātuḥ sarvadharmasamāśrayaḥ☽
tasmin sati gatiḥ sarvā nirvāṇādhigamo \`pi ca♉(MAS)
「無始時來界（基體），一切法所依（基體），由此有諸趣，及涅槃證得。」

（2）dharmadhātor asaṃbhedād gotrabhedo na yujyate☽
ādheyadharmabhedāt tu tadbhedaḥ parigīyate♉ (AA. I, 39)
因爲法界（諸法的基體）是無差別，所以種姓的差別是不合理。但是因爲能依（super-locus）〔於基體〕的諸法是差異的，所以

〔註 17〕松本史朗，《緣起と空》（東京：大藏出版社，一九九三年三版），頁五。
〔註 18〕松本史朗，〈如來藏思想は佛教にあらず〉，《緣起と空》（東京：大藏出版社，一九九三年三版），頁六～七。

才說它（種姓）是差別。

「法界無差別，種姓不應異。由能依法異，故說彼差別。」

（梵文之下，實線是 L，點線是 S）

此外，以松本史朗與袴谷憲昭爲代表的「批判佛教」學者們認爲，基體說的思想也可以見於《涅槃經》「一切眾生悉有佛性」的「佛性」思想。因爲「佛性」的梵語顯然就是“buddha-dhātu”，若直譯爲中文則爲「佛界」。相對於人們總是把「佛性」一成不變地解釋爲「成佛的可能性」、「佛的本性」或「佛的本質」等說法，松本認爲這裡的「界」全然沒有「本性」、「本質」的意思。依照松本史朗的觀點，由《涅槃經》不認爲「一切眾生悉有佛性」與「一闡提永遠無法成佛」兩命題之間有所抵觸的觀點看來，佛性（buddha-dhātu）思想就是基體說。在此，他以藏譯《涅槃經》（北京版 No. 788）說明這兩段文字：〔註 19〕

（1）一切眾生有佛性（buddhadhātu, saṅs rgyas kyi khams），此性（dhātu）於各自身中具備（tshaṅ）。眾生因斷盡煩惱相（rnam pa）而成佛。但是，除一闡提。（Tu 99a6-7）；〔曇無讖譯：一切眾生皆有佛性，以是性故，斷無量億諸煩惱結，即得成於阿耨多羅三藐三菩提，除一闡提。〕（《大正藏》卷十二，頁四〇四下）

（2）一闡提們雖然也有如來藏（tathagatagarbha），可是卻處於極厚重的覆障之中。好比蠶作繭自縛，不能打開出口也就無法外出，如來藏也因爲那（＝一闡提）業的過失，而無法從一闡提中得出。職是之故，感得輪迴之果不得菩提之因。（Tu 134b2-3）；〔曇無讖譯：彼一闡提雖有佛性，而爲無量罪垢所纏，不能得出，如蠶處繭，以是業緣，不能生於菩提妙因，流轉生死無有窮已。〕（《大正藏》卷十二，頁四一九中）

按照松本史朗的觀點，以佛性思想爲代表的這種基體說，正是支撐「社會歧視與階級差別之固定化、絕對化」的意識型態，因爲「五姓各別」說或社會階級制度皆可在此發現其根據。爲何如此呢？這是因爲雖然圖中 L 上方只有三種 dharma（乘），可是也可以將永遠不能成佛的一闡提，亦即包含無性（agotra）在內的五種姓或五種 dharma（乘）置於 S 處。如此一來，「一切眾

〔註 19〕松本史朗，〈如來藏思想は佛教にあらず〉，《緣起と空》（東京：大藏出版社，一九九三年三版），頁四。

生悉有佛性」和「一闡提不成佛」之間並不矛盾，反而能夠調合。更者，也可以安插國王、人民、奴隸等形形色色的不同階級於 S 處。然而，因爲 S 的「多性」是"dhātu-vāda"結構所不可缺少的要素，所以它絕對無法被解消。於是，「現實」的差異與歧視在此被絕對化。反過來說，L 的單一性（平等）不但解消 S 的多性（差別），更轉而成爲支持差別歧視的理論根據。顯然，這是差別歧視的思想。而松本認爲這種基體說除了可見於如來藏思想之外，諸如唯識思想、禪思想與本覺思想等都是 dhātu-vāda 的變形。這些僞佛教思想必須被佛教揚棄才是。

4.2.3 平川彰的回應

松本史朗將「界」（dhātu）視爲能生出多元之法（dharma）的「單一實在的基體」，但是這樣的理解究竟只是他對於佛教「界」義（特別是指眞常唯心系的佛教）的個人解釋，還是《阿含經》對於「界」義即便是如此看待呢？由於他並未回溯到《阿含經》原典深入考察，因此我們也無從得知他如何理解初期佛教的「界」義。至於，《阿含經》之「界」果眞具有「單一實在的基體」義，對於這個問題於後文再詳細論述，並提出我們的觀點。

相對於松本史朗毫無保留地向傳統教義提出挑戰，部分學者則傾向於維護傳統觀點，試圖回到《阿含經》裡尋求《大乘阿毘達磨經》裡「無始時來界」偈文的法源，藉之爲唯識思想與如來藏思想的理論背書與尋找根據。例如平川彰指出，「界」的傳統佛教教理有二種源流。其一，是以界爲「性質」義來解釋《阿含經》所說的「十八界」。例如「眼界」可解釋爲眼之作用的「性質」。〔註 20〕

然而，十八界是：「眼界、色界、眼識界，耳界、聲界、耳識界，鼻界、香界、鼻識界，舌界、味界、舌識界，身界、觸界、身識界，意界、法界、意識界」，亦即是指眼、耳、鼻、舌、身、意等「六根」，色、聲、香、味、觸、法等「六境」，與眼識、耳識、鼻識、舌識、身識、意識等「六識」——十八種要素（element）的分類，就此而言，似乎難以直接與阿賴耶識與如來藏思想相聯繫。因此他也承認，很難從「十八界」這個源流裡，找出把阿賴耶識或如來藏視爲「界」之理由。

〔註 20〕參見平川彰，《法と緣起》（東京：春秋社，一九九二年五月第三刷），頁五六三。

此外，平川彰指出另一個源流，認爲《阿含經》裡除了「界相應」和《多界經》提到以「十八界」爲代表的諸界之外，也有把「十二緣起」視爲「界」的經典。他認爲此一以「十二緣起」爲「界」的教理，應該可以視爲是阿賴耶識和如來藏爲界之思想的源流〔註 21〕。至於，他所提到的這部經，即是《相應部》「因緣相應」〈緣經〉（*Paccaya*）。茲將相關經文陳列如下：

> 比丘等，吾當爲汝說「緣起」與「緣已生法」。汝等，如是聽聞，如是作意。吾當說……比丘等，何謂緣起。比丘等，生緣老死。諸如來出世、如來不出世、此界（sā dhātu）確定。法的確定性、法的決定性即是相依性。如來現等覺、現觀。現等覺、現觀後，宣說、說示、解說、確立、明示、分解、明示後，使「汝等、見」而說。〔註 22〕

高崎直道特別指出，應該注意這部經典裏「如來出世、若不出世」一語，因爲如來藏系經典經常出現此語，爲此他認爲我們可以從《相應部》〈緣經〉（*Paccaya*）經裡追溯到如來藏思想的淵源〔註 23〕。至於，平川彰則特別強調《相應部》〈緣經〉以「生緣老死」來稱謂「此界」（sā dhātu）的用例，他認爲從中可以明確地推論「十二緣起」當中即具有「界」義，並且阿賴耶識或如來藏識顯然和此經相關聯〔註 24〕。在此前題之下，他認爲：

> 在以十二緣起的「緣」（因）爲界之觀點當中，無明是十二緣起的開始，具有「無始時來」義，且「一切法的依止」於十二緣起；並且在十二緣起的順觀和逆觀當中，明示出「由此界而成立輪迴生存、以及涅槃證得」思想。〔註 25〕

換言之，「由此界而成立輪迴生存、以及涅槃證得」一語裡，平川彰認爲前半句「由此界而成立輪迴生存」，即預設著阿賴耶識之存在，而後半句「由此

〔註 21〕參見平川彰，《法と緣起》（東京：春秋社，一九九二年五月第三刷），頁五七八。

〔註 22〕*Saṃyutta-Nikāya* vol. II, p. 25。漢譯請參見《相應部二》（《漢譯南傳大藏經》第十四冊），頁二九。

〔註 23〕高崎直道，《如來藏思想の形成》（東京：春秋社，一九七八年第三刷），頁七五九～七六〇）。

〔註 24〕參見平川彰，《法と緣起》（東京：春秋社，一九九二年五月第三刷），頁五七八。

〔註 25〕參見平川彰，《法と緣起》（東京：春秋社，一九九二年五月第三刷），頁五九〇～五九一。

界……以及涅槃證得」，即預設著如來藏思想之成立。爲此，他認爲從《阿含經》的「十二緣起之界思想」到《大乘阿毘達磨經》的「無始時來界」思想，這之間明顯存在著密切關係。並且進而結論：

> 總之，『界』的思想是關係到無常、無我、緣起的思想，且在原始佛教成爲重要的教理。因此，應該理解到：界義要和無我、無常、空、緣起說之間的關連作研究。〔註 26〕

藉此間接地暗示：諸如松本史朗等「批判佛教」學者將「界」理解爲「單一實在的基體」的觀點，這與《阿含經》教義所認爲界義的探討必須回歸到緣起說等關連學理還是有差距的。

4.2.4 對於松本史朗與平川彰之觀點的省察

對於前面兩位學者的研究成果，我們有幾點看法。首先，平川彰雖然指出《阿含經》的界義有兩個源流，一個是以「性質」義爲界，一個是以「十二緣起」爲界。但是如同松本史朗指出，所謂「界」（dhātu）的原意是指「放置的場所」，並且全然沒有「本性」、「本質」的意思。換言之，松本史朗認爲「界」唯是「場所」義，因此，平川彰以「性質」義理解「界」，這樣的看法是否能成立亦是個問題。

至於，平川彰所謂「十二緣起的『緣』（因）爲界」，這裡的界究竟是「性質」義還是「場所」義呢？由於平川章全文並未言明，所以其立場亦不明朗。但若就「以十二緣起的『緣』（因）爲界」而言，這顯然是傾向於將無明、行等「緣」視爲「界」，並不否認「界」是「場所」義。就此而言，對於這個「界」即「場所」義的觀點我們應該加以高度重視，甚至若能暫且撇開自阿毘達磨佛教以來所建構的解釋傳統（以及其對於歷來學者的影響），直接切入初期佛教之《阿含經》原典整體深入思考時，此一種「場所」的界義是值得吾人再度評估與考察，但其實際內涵則有待藉由適當的方法詳加解析。

其次，對於平川彰指出《相應部》〈緣經〉（*Paccaya*）經裡，以「生緣老死」之緣起系列爲「此界」（sā dhātu）的思考進路，以及提到「界義要和無我、無常、空、緣起說之間的關連作研究」的觀點，對此我們完全贊同而無異議。因爲的確必須從這個方向切入「界」義，才能避免讓「界」義淪爲松本史朗

〔註 26〕參見平川彰，《法と緣起》（東京：春秋社，一九九二年五月第三刷），頁五九一。

指控的「單一實在的基體」，而形同常固不變的「我」（ātman）論；除此之外，若要對於《阿含經》的「界」義獲得初步的理解，亦須依此思考進路才能遂行。然而這裡所謂「初步的理解」，並不必然代表此理解即是正確或貼近於《阿含經》的界義，因爲裡面還有相當多的細節問題需要加以澄清與闡明。這裡的問題在於：關於平川彰所謂的「以十二緣起的『緣』（因）爲界」，這點我們要加以考察。

4.2.5 諸學者對於《相應部》〈緣經〉裡 dhātu 之理解

上述這兩點看法，其實分別處理兩個問題，亦即解決兩個我們理解《阿含經》界義勢必會遇到的問題。亦即：什麼是「界」？以及，以「什麼」爲界？前者是嘗試闡明《阿含經》對於「界」義的樸素看法，考察其究竟是「場所」義或「性質」義；後者則嘗試解析「界」在緣起系列中的位置。然而在正式考察這兩個問題之前，我們還是必須回到最初引起爭議的地方，再做全盤地討論。特別是回到上述《相應部》「因緣相應」〈緣經〉裡，「此界住立」（ṭhitā va sā dhātu）這段文字，看看諸學者是如何理解此處的「界」義，並追溯其理解的歷史。而這段文字正代表一面重要視窗，透過視窗所見的不同視野都將影響我們對於「界」義的能見度。

然而，歷來學者於這段文字裡，對於「界」（dhātu）字的譯法與觀點皆眾說紛紜。或依各人文化背景理解之，或依各人哲學思想性向看待之，從而呈現的譯名也就各有風格。爲方便說明這些學者的對於句中“dhātu”的理解，於如下的(1)至(4)分別陳列漢譯、日譯與英譯等《相應部》的四個譯本，此外也隨後於(5)至(10)附上幾位學者的獨段譯文，以及他們對於《清淨道論》裡所引用之〈緣經〉的翻譯作爲參考。

(1) 林五邦於日譯《南傳大藏經》譯爲「こと」。〔註 27〕

(2) 雲庵於《漢譯南傳大藏經》譯爲「事」。〔註 28〕

(3) Mrs. Rhys Davids 的《相應部》英譯本譯爲 nature。〔註 29〕

〔註 27〕「このことは定まり」。參見日譯《相應部經典二》,《南傳大藏經》第十三卷（東京：大藏出版社，一九七一年四月再版），頁三六。

〔註 28〕「此事之決定」。參見漢譯《相應部二》,《漢譯南傳大藏經》第十四冊，頁二九。

〔註 29〕"this nature of things just stands"，參照 *The Book of Kindred Sayings*, Part II, p. 21。此外，該頁尾的註解亦引用覺音（Buddhaghosa）的 *Spk.*（*Sāratthappakāsinī*）《相應部註》解釋，而 Mrs. Rhys Davids 對於此註解的英譯如下："On these four

(4) Bhikkhu Bodhi 的《相應部》英譯本譯爲 element。〔註 30〕
(5) 悟醒於《漢譯南傳大藏經》《清淨道論三》所引經譯爲「自性」。〔註 31〕
(6) 葉均將《清淨道論》所引經譯爲「自性」。〔註 32〕
(7) 水野弘元於日譯《清淨道論》所引經譯爲「自性」。〔註 33〕

---

phrases the Comy. has: - '*ṭhitā va sā dhātu*.' this causality (causal state) just stands; there is nowhere any birth, old age, death without cause (*paccayo*); by the next two phrases he teaches just cause; namely, by cause arisen phenomena (*dhammā*) persist, (or stand), therefore cause is called 'causal status.' Cause orders (or fixes) phenomena, therefore it is called orderliness of phenomena. The causes of birth, etc., are specific ("this") causes, and specific causes are just this-relatedness".

〔註 30〕 "the element still persists"，參照 Bhikkhu Bodhi, *The Connected Discourses of the Buddha*, vol. I., Wisdom Publications, 2000, p.551。此外，Bhikkhu Bodhi 於隨後的註解引述覺音的解釋來證成這種譯法。而關於 "ṭhitā va <u>sā dhātu</u> dhamma-ṭṭhitatā dhamma-niyāmatā idappaccayatā." 這段巴利文，Bhikkhu Bodhi 將覺音（Buddhaghosa）的 *Spk.*（*Sāratthappakāsinī*）《相應部註》解釋，英譯如下："That element (sā dhātu), the intrinsic nature of the conditions (paccayasabhāva), still persists; never is it the case that birth is not a condition for aging-and－death. By the next two terms too he indicates just the condition. For the dependently arisen phenomena stand because of the condition (paccayena hi paccayuppannā dhammā tiṭṭhanti); therefore the condition itself is called *the stableness of the Dhamma* (dhammaṭṭhitatā). The condition fixes (or determines) the dependent phenomena (paccayo dhamme niyameti); thus it is called *the fixed course of the Dhamma* (dhammaniyāmatā). *Specific conditionality* (idappaccayatā) is the set of specific conditions for aging-and-death, etc." 參照 *The Connected Discourses of the Buddha*, vol. I., Wisdom Publications, 2000, p. 741。在此可見到覺音論師的巴利文註解是以「緣之自性」解釋「界」。

此外，亦提到護法（Dhammapāla）的 *Spk-pṭ.*（*Sāratthappakāsinī-purāṇa-ṭīkā*）《相應部註古解》，英譯如下："Whether it is unpenetrated before and after the arising of Tathāgatas, or penetrated when they have arisen, that element still persists; it is not created by the Tathāgatas, but aging-and-death always occurs through birth as its condition. A Tathāgata simply discovers and proclaims this, but he does not invent it." 參照 Bhikkhu Bodhi, *The Connected Discourses of the Buddha*, vol. I., Wisdom Publications, 2000, p. 741.

〔註 31〕 悟醒將《清淨道論》裡，所引〈緣經〉的這段經文譯爲：「諸如來之出世又諸如來雖不出世，〔緣起之〕界〔自性〕是住立、法住性、法決定性，此緣性也」。參照《清淨道論三》，《漢譯南傳大藏經》第六九冊，頁一四七。

〔註 32〕 葉均譯，《清淨道論》（下）（台北：華宇出版社），頁一四四。譯文爲：「諸比丘，什麼是緣起？諸比丘，以生爲緣有老死，無論諸佛如來出世或不出世，而此（緣起的）界（自性）住立，是法住性、是法不變性、是此緣性。」

〔註 33〕 水野弘元，日譯《南傳大藏經》第六四卷（東京：大藏出版社，一九七四年十一月再版），頁一五六。

(8) Bhikkhu ñāṇamoli 英譯《清淨道論》所引經譯爲 element。〔註 34〕

(9) Warder 譯爲 element。〔註 35〕

(10) 中村元譯爲「理」。〔註 36〕

若對此略加考察，我們可以看到(1)林五邦的日譯《南傳大藏經》與(2)雲庵的《漢譯南傳大藏經》兩者，皆以「事」（こと）這個虛擬名詞將「界」義含混地交待過去，由於這種譯法過於單薄而模稜多可，容許詮釋的自由空間顯得大而無當，絲毫看不到有「界」的意義存在，並且就翻譯的策略看來，只能以「信、雅、達」裡爲求文句通順的「雅」，卻未必眞的「信、達」看待之，但深究考察的話卻未必貼近巴利文原義。

除此之外，其他各家對於《相應部》〈緣經〉的「界」（dhātu）的譯法雖或有不同，不論是英譯爲 nature、element，或是漢譯、日譯爲「理」、「自性」，但是就其藉以引述而證成各自釋文符合法源根據的佛教論典而言，各家則是百變不離其宗。亦即不離阿毘達磨佛教的解釋傳統，特別是受到巴利上座部裡覺音（Buddhaghosa）論師的影響，這點可由學者們每引述〈緣經〉這段經文時毫無預警與無批判地引用覺音論師的觀點便可明白得知。就此而言，探究《阿含經》裡的界義時，當不可忽略覺音論師所代表的解釋傳統與其重要地位。

然而，傳統對人類而言雖然是由認識與理解所累積的歷史，但是傳統並不是無理的束縛，更不是常住不變的刻板思惟，若能回到傳統形成之初，重新理解目前面臨的課題，或許方能於未現於傳統裡的幽徑跳尋出思想的活路。爲此我們有必要考察這個普遍爲今日學者所認同且接受的以覺音論師的《清淨道論》等爲代表而建構的解釋傳統，再重新回到《阿含經》原典仔細考察界的原義。

〔註 34〕Bhikkhu Ñāṇamoli, *The Path of Purification*, Buddhist Publication Society, 1975, p. 593.

〔註 35〕Wader 亦引用上座部的觀點（特別是覺音論師的觀點）將這段經文解釋如下："This element (*dhātu*, the Sthaviravada commentary says this refers to the particular condition, the nature-*svabhāva*-of the condition, under discussion, such as birth as the condition for old age and dying) is established (*sthita*), there is a station for principles (*dharmasthititā*, the fact of there being a station or stations, for principles), there is a regularity of principles (dharmaniyāmatā), there is specific conditionality (idaṃpratyayatā)." 參照 A. K. Warder, *Indian Buddhism*, p. 134.

〔註 36〕「この理は定まったことであり」。中村元，《原始の佛教思想》（下）（東京：春秋社，一九八一年四月），頁一六四。

4.2.6 覺音論師之觀點

覺音論師於《清淨道論》第十七品「慧地之解釋」裡，雖然提到上述的《相應部》〈緣經〉，但是並未對於出現於此經文裡的「界」（dhātu）字提出任何解釋。這或許是他這裡的處理重點是「緣起」，因而未再對於「界」義有任何著墨，這點我們可以諒解。

至於《清淨道論》第十五品「處、界之解釋」裡，對於「界」義就有較爲多的觀點。在這裡覺音論師引述《相應部》「界相應」和《中部》〈多界經〉裡的許多界名，論述的範圍從「光界、淨界、空無邊處界」到「有爲界、無爲界、多界、種種界」爲止，一共舉出「三十五界」。最後他結論出：

> Iti sabhāvato vijjamānāmaṃ sabbadhātūnaṃ tad-antogadhattā aṭṭhāras' eva vuttā ti.〔註 37〕
>
> （如是存在的一切界，從自性上說，都得含攝於十八界之內，所以只說十八界。）

亦即覺音論師認爲，就「光界」等三十五界的「自性」而言，它們是包攝於「十八界」內。申言之，他的意思是說，探討種種界義時，只要談「十八界」便可在「自性上」（sabhāvato）涵攝一切界的論究。至於覺音論師自己所謂的「自性」是指什麼，他並未於此多加以解釋。

此外，值得注意的是，覺音論師於《相應部註》（*Sāratthappakāsinī*）裡，將《相應部》〈緣經〉裡：

> 比丘等，何謂緣起。比丘等，<u>生緣老死</u>。諸如來出世、如來不出世、<u>此界</u>（sā dhātu）確定。法的確定性、法的決定性即是此緣性。

將經文裡的「此界」（sā dhātu）解釋爲「緣性」（paccayasabhāva）〔註 38〕，這

〔註 37〕Visuddhimagga p. 486~487。漢譯請參考葉均譯，《清淨道論》（下）（台北：華宇出版社），頁八九；或悟醒譯，《清淨道論三》，《漢譯南傳大藏經》第六九冊，頁九四～九五。

〔註 38〕關於 "ṭhitā va <u>sā dhātu</u> dhamma-ṭṭhitatā dhamma-niyāmatā idappaccayatā." 這段巴利文，覺音（Buddhaghosa）的《相應部註》*Spk.*（*Sāratthappakāsinī*）解釋如下："That element (sā dhātu), the intrinsic nature of the conditions (<u>paccayasabhāva</u>), still persists; never is it the case that birth is not a condition for aging-and－death. By the next two terms too he indicates just the condition. For the dependently arisen phenomena stand because of the condition (paccayena hi paccayuppannā dhammā tiṭṭhanti); therefore the condition itself is called *the stableness of the Dhamma* (dhammaṭṭhitatā). The condition fixes (or determines) the dependent phenomena (paccayo dhamme niyameti); thus it is called *the fixed*

裡的 sabhāva 一語即是所謂的「自性」。不過覺音論師於此並未對於他所謂的「緣性」或「緣之自性」加以解釋，以致於我們不知道他究竟想要表達的是什麼。至於他爲何只採取「緣性」義來理解《相應部》〈緣經〉的「界」（dhātu），這令人百思不解。這或許是因爲經文提到「此界住立」（ṭhitā va sā dhātu）時，隨後又提到「法住性（法的確定性）、法不變性（法的決定性）、此緣性」（dhamma-ṭṭhitatā dhamma-niyāmatā idappaccayatā），所以覺音論師認爲「界」與「性」爲同位語，便從「性」的進路來理解「界」，因此將「界」解釋爲「緣性」。但是 sabhāva 一語的用法，畢竟與以 ta 爲語尾的「性」，還是不同的。

此外，不論梵語、巴利語或漢譯，如同「界」（dhātu）的語義所顯示，吾人對之的第一個印象的確是「範圍」義或「場所」義。這從古代的漢譯大德將《雜阿含》裡的 dhātu 一詞譯爲「界」的用例看來，顯然也是這般認爲，如同學術界、世界、文藝界等詞的運用，「界」的確是範圍義或場所義，它有著限定的功能。另外值得多加注意的是，即使是從漢譯《雜阿含》與巴利《相應部》的經文蒐尋，卻也從未見過以「性」（sabhāva）爲「界」的用法。

4.2.7 平川彰對於覺音論師之觀點的解釋

對於覺音論師上述未完整說明的觀點，平川彰則加以善意的解釋。首先，他採取覺音論師的觀點，將「緣起」視同爲「緣」。進而認爲「緣起之界」可被解釋爲「緣之界」，或被解釋爲「以緣爲界」，亦即「以十二緣起的『緣』（因）爲界」〔註 39〕，將「界」解釋爲「因」或「緣」義。申言之，若以「無明緣行，行緣識」的緣起系列爲例，則「行」以「無明」爲「界」，而「識」以「行」

---

course of the Dhamma (dhammaniyāmatā). *Specific conditionality* (idappaccayatā) is the set of specific conditions for aging-and-death, etc." 參照 Bhikkhu Bodhi, *The Connected Discourses of the Buddha*, vol. I., Wisdom Publications, 2000, p.741.覺音的巴利文註解是以「緣之自性」解釋「界」。

護法（Dhammapāla）的《相應部註古解》*Spk-pṭ.* (*Sāratthappakāsinī-purāṇa-ṭīkā*): "Whether it is unpenetrated before and after the arising of Tathāgatas, or penetrated when they have arisen, that element still persists; it is not created by the Tathāgatas, but aging-and-death always occurs through birth as its condition. A Tathāgata simply discovers and proclaims this, but he does not invent it." 參照 Bhikkhu Bodhi, *The Connected Discourses of the Buddha*, vol. I., Wisdom Publications, 2000, p. 741.

〔註 39〕參見平川彰，《法と緣起》（東京：春秋社，一九九二年五月第三刷），頁五九〇～五九一。

爲「界」。

其次，關於覺音論師將「界」解釋爲「緣性」（緣之自性）與「如是存在的一切界，從自性上說，都得含攝於十八界之內」這兩點而言。平川彰認爲這除了表示「界（dhātu）和自性（svabhāva）是共通的」之外，這也說明了「界是生起他法的緣，但是作爲緣的界並非被生起者。因此，不能把界視爲是實體」〔註 40〕。並且認爲，這符合阿毘達磨論書視「界」爲「因」義的看法，更可由此找到「界」被視爲法之「自性」的理由。〔註 41〕

再者，平川彰並且藉《相應部》〈界經〉（*dhātu*）裡，以「無常、苦、變易法、無我」等語形容「地、水、火、風、空、識」等「六界」的經典爲例〔註 42〕，認爲就《阿含經》的觀點而言，不能把「界」視爲是「究極的實在」。藉此再度暗示「界」爲「單一實在的基體」說，在《阿含經》的教理是站不住腳。

〔註 40〕參見平川彰，《法と緣起》（東京：春秋社，一九九二年五月第三刷），頁五六七。

〔註 41〕平川彰在其〈緣起と界〉的註解九裡（參見平川彰，《法と緣起》，頁五九二），以 F. Edgerton 的《佛教混成梵語辭典》（*Buddhist Hybrid Sanskrit Dictionary*, New Haven, 1953）爲例，認爲傳統以來將 dhātu 分爲七種意義，而基本上是以 element（自性、要素）來解釋 dhātu。亦即：

第一 physical element，這是就地、水、風、空「四界」，把「界」理解爲物質界的構成要素。

第二是在體內的 element，這分成七種（三種、五種、或十種）類的界於醫學有關係，這可於 Divyāvadāna 等見到用例。

第三是「十八界」的分類。

第四是 constituent element of the mind, avijjā-dhātu, prahāṇa-dh. virāga-dh. nirodha-dh。舉出其它許多，納入佛陀的「十力」中。

第五是世界（loka-dhātu）、欲界、色界、無色界、無餘依涅槃界、法界等，可理解爲 sphere, region, wrld, state of existence。

第六是譯爲 mass, abundance, large quantity 等，用於 sattva-dhātu, dharma-dhātu 等、「成熟有情界」等。

第七是 element bodily substance，例如佛的舍利。

如上，雖然區別爲種種的意義，但是基本是將 dhātu 理解爲 element 的意味。其它的梵英、梵和辭典等也幾乎同樣解釋。

〔註 42〕參見平川彰，《法と緣起》（東京：春秋社，一九九二年五月第三刷），頁五六六，註解一六。

但是平川彰所引的〈界經〉（*dhātu*），其內容只提到六界是「無常」，但並未提到「苦、變易法、無我」等詞。請參照 *Saṃyutta-Nikāya* vol. II, p. 248。漢譯請參見《相應部二》，《漢譯南傳大藏經》第十四冊，頁三一五。

4.2.8 對於平川彰上述解釋的省察與批評

就平川彰上述的解釋，我們可分三部分再省察。首先，我們已於前文「緣起系列之句型結構分析」裡指出，「緣起」往往被化約爲名詞詞性的「緣」，而平川彰（也包括覺音論師）亦傾向於以類似的觀點理解。

其次，對於平川彰引用「無常、苦、變易法、無我」的《相應部》〈界經〉（*dhātu*）證成「界不能被視爲究極的實在」之結論而言，這點是絲毫無誤地符合《阿含經》教義之事實，我們完全接受。

再者，但是對於他藉著「界是生起他法的緣，但是作爲緣的界並非被生起者」等語來證成「不能把界視爲是實體」更得出「界乃是法之自性」的結論。換言之，平川彰認爲界是能生諸法，且不被諸法所生之「法的自性」，對於這裡的結論我們則採取保留態度。因爲如同他引用的《相應部》〈界經〉，以「無常」等觀點說明六「界」，那麼就此而言，「界是無常」與「界是能生諸法且不被諸法所生之法的自性」兩命題之間矛盾處當該如何解消呢？此外，就後者而言，不就又難逃松本史朗所批判的 dhātu-vāda 結構的嫌疑，而成爲「發生論的一元論」或「根源實在論」嗎？

我們無意挑戰與顛覆傳統，但是必須真誠面對傳統解釋的困難處。對於這個將《相應部》〈緣經〉(*Paccaya*)的「界」(dhātu)視爲「緣性」(paccayasabhāva)義的解釋傳統（從覺音論師以至於目前學術界爲止），的確有許多地方的解釋是曖昧不明而令人存疑。我們認爲覺音論師的這種解釋只能看作是他個人的觀點，而依此觀點所形成的解釋傳統未必是《相應部》〈緣經〉的界義，甚至亦未必是初期佛教的界義。爲此我們必須再回到傳統形成之初的那個原點裡，透過適當的方法重新挖掘與尋求更妥當的解釋。

4.3 重新評估《相應部》〈緣經〉之「界」義

4.3.1 從文法分析解讀《相應部》〈緣經〉之「界」義

讓我們重新歸零回到一切問題的肇始點，亦即《相應部》「因緣相應」〈緣經〉（*Paccaya*）經論及「緣起」與「界」的經文處。在此我們將巴利文與現代語譯並列如下：

Katamo ca bhikkhave paṭicca-samuppādo? Jātipaccayā bhikkhave jarāmaraṇaṃ uppādā vā Tathāgatānaṃ anuppādā va Tathāgatānaṃ, ṭhitā va sā dhātu dhamma-ṭṭhitatā dhamma-niyāmatā idappaccayatā. (P. T. S)

〔註 43〕

諸比丘！什麼是緣起？諸比丘，（從）生之緣（而有）老死，無論諸佛如來出世或不出世，已住立的此（緣起的）界，法住性、法不變性、此緣性（是緣起）。（現代語譯）

（註：框字是緣起，底線是界）

如上所示，我們藉由底線與框字暫時分別代表「界」與「緣起」。從這一段說明「什麼是緣起」的長句裡，我們可以初步地看到，緣起與界有重疊的部份，就此而言，或可說「緣起」即是「界」，但是兩者之間究竟關係如何，這還是要多加解析才能明辨兩者的關係。

由於巴利文 jātipaccayā（生之緣）一詞是以名詞的「從格」〔註 44〕（ablative）表示，而「從格」與英語的 from、since、as 等的前置詞有著相同的意義；若就漢語而言，即是「從……」、「藉著……」、「由於」等介詞用語；若就日語而言，亦意味著「……から」、「……より」、「……の故に」等助詞用語〔註 45〕。至於，巴利文 jarāmaraṇaṃ（老死）一詞則是以名詞「主格」（nominative）表示。如此一來 jātipaccayā jarāmaraṇaṃ 一句乃是藉由 jātipaccayā（生之緣）描述 jarāmaraṇaṃ（老死）一詞，亦即強調「老死」是（從）「生之緣」而生起的。整句亦可暫譯爲「（從）生之緣（而生起）（的）老死」。

不過由於在大多數情況下，「從格」往往是用於指稱某事物於時間或場所的位移與質量運動變化的起點，因此它也難以避免會論及終點。例如「從台北到東京」（場所的位移）、「從春天到秋天」（季節的變化）、「從午後三時到五時」（時間的變化）或是「從緣到緣已生法」（存在的變化）。若對此略究之，「從」代表變化的開始，「到」代表變化的告一段落，而從「從」到「到」之間則是變化本身。因而緣起系列的句型裡，以名詞從格表示諸「緣」，這意味著「緣」是「緣已生法」於時間或場所位移或質量運動變化的起點；而藉名詞主格表示「緣已生法」，這意味著「緣已生法」的成立是諸「緣」於時間

〔註 43〕 *Saṃyutta-Nikāya* vol. II, p. 25。漢譯請參考《相應部二》，《漢譯南傳大藏經》第十四冊，頁二九。

〔註 44〕 *Gram.* designating, of, or in a case expressing removal, deprivation, direction from, source, cause, or agency. 參照 *Webster's New World College Dictionary*. p. 3.

〔註 45〕 水野弘元，《パーリ語文法》（東京：山喜房佛書林，一九七三年四月補訂第六版），頁一七六。

或場所位移或質量運動變化的結果，所以才藉主格強調；至於兩者之間的整體內容即是「緣起」。整個緣起系列便可藉「緣——緣已生法」結構表示，任何一項根本無從彼此中疏離出來，必須兩項相續具足，才能完整緣起系列的開展。

而《相應部》〈緣經〉最初所提的「緣起」內容，是指「從生之緣而有老死」，並藉「無論諸佛如來出世或不出世」句作爲形容，補充說明它不爲時空所拘的特色；而「界」的內容亦是指「從生之緣而有老死」，顯見兩者有重疊處與各自的側重處。如此說來，兩者有同亦有不同，但區別何在呢？這是很有意思的問題，但是必須先克服句型文法的困難，才能順利解讀出來。

在這段說明「什麼是緣起」的句子裡，提到“ṭhitā va sā dhātu dhamma-ṭṭhitatā dhamma-niyāmatā idappaccayatā.”部分，從中我們可以清楚地看到界（dhātu）、法住性（dhamma-ṭṭhitatā）、法不變性（dhamma-niyāmatā）與此緣性（idappaccayatā）等四個名詞，它們是第三人稱陰性單數主格。至於，已住立的（ṭhitā）一詞則是“tiṭṭhati”的過去分詞，用以形容或說明後面名詞的狀態，但是由於它置於「此界」之前，以至於看來只是形容「界」。再者，若將全句裡 bhikkhave 這個呼格的稱謂從前面的文字裡略去，我們可發現“Jātipaccayā jarāmaraṇaṃ”（從生之緣而有老死），與“uppādā vā Tathāgatānam anuppādā va Tathāgatānaṃ”（無論諸佛如來出世或不出世）等語，都是用來說明上面四個名詞之文字。

4.3.2 「界」之範圍義

若先就句中四個主詞裡的「界」解釋，我們可以知道：「從生之緣而有老死，不論如來們出世或不出世」這段話都是在指涉這個已住立的「界」。換言之，所謂的「界」，其實質的指涉就是「從生之緣到老死」，而且「不論如來們出世或不出世」皆是如此。對此，我們的看法是：在此若能重視「生之緣」（jātipaccayā）這個名詞的「從格」用法，並以「範圍」義或「場所」義理解「從生之緣而有老死」的緣起系列，則很容易地就可看到隨後所說的「界」義即是指從「生之緣」到「老死」這個範圍或場所。換言之，緣起是「從生之緣而有老死」，界亦是「從生之緣而有老死」，但前者是從整體內容義表現界，而後者是以範圍義或場所義表現緣起。但是「場所」這個詞往往指意味著空間或地點，因此我們於下皆以「範圍」來代表之。

由於「緣起」與「界」兩者都是指涉從「緣」到「緣已生法」。但是彼此的關係會因爲理解的角度不一而有不同對待。就範圍義而言，「界」（從緣到緣已生法）是緣起的範圍，這即是「緣起之界」，其實也正是說明緣起是「緣起於界」（緣起於「緣」到「緣已生法」）；但若就彼此重疊義的觀點看，其實也正是表示「緣起即界」（緣起是從「緣」到「緣已生法」）。

就此而言，這裡的「界」完全不同於覺音論師爲代表的阿毘達磨觀點或平川彰等現在學者們所依循的傳統解釋。依照傳統的解釋，以「無明緣行，行緣識」的緣起系列爲例，乃是以「無明」爲「行」的界，或以「行」爲「識」的界，這般的解釋傾向於將「界」給定點化、固著化爲「緣」；同時這種解釋亦會將「緣起」、「界」僅僅限定爲「緣」，而無法展開其從「緣」到「緣已生法」的整體內容。但是所謂「界」的意思，如同我們前面指出，它在緣起系列裡是從名詞「從格」的「緣」到「緣已生法」結果之間，所以界並不是單指某個定點的「緣」，而是指「緣」到「緣已生法」之間的範圍。若將「緣起」解釋爲名詞從格的「緣」，這不但無法適當地表達出從「緣」到「緣已生法」所形成的「界」，不免也忽略緣起的整體內容與深義。

此外，與傳統解釋不同的是，我們認爲《相應部》〈緣經〉（*Paccaya*）所要說的「界」是指從「緣」到「緣已生法」所展開的範圍。這是因爲隨著緣已生法的生起後，原先的「緣已生法」隨之又成爲生起次項「緣已生法」之「緣」，就如同「行」生起後，它隨之又成爲生起次項「識」之緣般，而「識」生起後，它隨之又成爲生起次項「名色」之緣般；這裡的「界」伴隨著緣起系列裡，緣與緣已生法的不斷生滅變化，「界」義充滿著流動感，這個「緣起之界」不斷地隨著「緣」項與「緣已生法」項的變化而變化。

在此若把這裡的解釋範圍擴大到《阿含經》裡提到的種種界名，以「六界」裡的「識界」爲例，這即是說明「識界」是指「從識之緣到其緣已生法」的範圍；若以「三界」裡的「色界」爲例，即是指「從色之緣到其緣已生法」的範圍；若以「十八界」裡的「眼界」爲例，「眼界」即是指「從眼之緣到其緣已生法」的範圍；以「種種界」爲例，即是指「從種種緣到其緣已生法」的範圍。而如同《相應部》〈界經〉（*dhātu*）指出「界」是「無常」〔註 46〕，上述所說的界，就其緣起系列的變化而言亦是無常。若從這般角度理解「界」

〔註 46〕請參照 *Saṃyutta-Nikāya* vol. II, p. 248。漢譯請參見《相應部二》，《漢譯南傳大藏經》第十四冊，頁三一五。

義，或許反而更能貼近《阿含經》的教理，並且徹底避開傳統解釋的「自性」義，或平川彰等學者們將「眼界」解釋爲眼之作用的「性質」後所招致的困難。〔註 47〕

而且，於《相應部》〈緣經〉提出「從生之緣而有老死」的緣起系列後，我們可以清楚看到經文隨後又立即舉出完整的十二緣起系列加以補充說明「緣起之界」或「緣起於界」的變化。因此，這段經文的重點，並不單是說明緣起系列裡的「緣」與「緣已生法」的項目有多少，而更是在於說明「界」是指從「緣」到「緣已生法」的範圍，而這個範圍會隨著「緣已生法」的屬性而無常變化，亦即《相應部》〈緣經〉指出緣已生法是「無常、有爲、緣已生」〔註 48〕，它不是常住不變，而是勢必會變，變成爲另一「緣已生法」之「緣」。並且原先的「緣已生法」當成爲「緣」後，相對於其所生起的「緣已生法」而言，這即是《相應部》〈緣經〉指出「緣已生法」的另一對立面之「滅盡之法，敗壞之法，離貪之法，滅法」的意思。

若依上述的觀點解讀《相應部》〈緣經〉的「界」（dhātu）義，則這樣的「界」義根本不可能淪爲松本史朗所預設 dhātu-vāda 與「基體說」。因爲《相應部》〈緣經〉裡，「界」就是「緣」到「緣已生法」，它與緣起其實是名異義同，但「界」傾重於範圍義或場所義的表現，而「緣起」則是「界」的整體內容表現；除此之外，界並不是單一的，亦不是實在的，更不是定點的，並且從「緣」到「緣已生法」，再隨著「緣已生法」的無常、有爲、緣已生地變化成爲生起它法之「緣」時，界亦隨之變化而變化。換言之，松本史朗之 dhātu-vāda 結構是無法適用於《相應部》〈緣經〉裡的「界」義。

況且，依上面對於《相應部》〈緣經〉「界」（dhātu）義的解析看來，相對之下，諸如覺音論師等以「緣之自性」解釋「界」義的觀點，就顯得相當爲難且可能也不必要。因爲《相應部》〈界經〉經已經說明「界」是「無常」〔註 49〕，試問：無常的界又怎麼作爲「緣之自性」呢？若以「自性」義理解「界」，其所面對的挑戰則相當龐大與驚人，因爲這一方面很難擺脫數論派自

〔註 47〕參見平川彰，《法と緣起》（東京：春秋社，一九九二年五月第三刷），頁五六三～五六五。

〔註 48〕*Saṃyutta-Nikāya* vol. II, p. 26。漢譯請參考《相應部二》，《漢譯南傳大藏經》第十四冊，頁三〇。

〔註 49〕*Saṃyutta-Nikāya* vol. II, p. 248。漢譯請參考《相應部二》，《漢譯南傳大藏經》第十四冊，頁三一五。

性說或婆羅門教梵我說的陰影，另一面這種解釋的確會落入批判佛教學者們的口實，甚至有可能爲後期佛教思想的發展提供不少「異化」於初期佛教的變數。

4.3.3 界與法性

如上，雖然我們依據文法規則，將「界」解釋爲從「緣」到「緣已生法」的範圍，並依據緣已生法之「無常、有爲、緣已生」特色，解釋〈緣經〉的「界」乃範圍義，但是這並不意味著這樣的解釋不存在著困難，也不見得能完全避免於以「性」義解釋「界」的傾向；除非我們能夠進一步於〈緣經〉「什麼是緣起」的長句裡，順利地解釋主詞部份的「界」與其它三個主詞之間的關係，亦即說明「界」與「法住性」、「法不變性」與「此緣性」的關係，才能較爲完整地釐清「界」義的問題。

於巴利《尼柯耶》裡，雖然「緣已生法」一詞於經典裡可見其用例，不過我們卻未曾見過任何將「緣」稱爲「法」的用例，亦未見過兩者合併稱爲「緣法」的用例。然而，若就「界」是指從「緣」到「緣已生法」的範圍而言，依此而稱謂「界」爲「（緣到緣已生）法之界」或「法界」應不爲過。

相對於此，這樣的用例與翻譯，卻可從漢譯初期佛典的譯師將《雜阿含》二九六經譯爲：「若佛出世，若未出世，此法常住，法住法界」，藉用「法界」一詞形容「界」〔註 50〕。然而，值得注意的是，同樣提到「佛陀出世或不出世」等語之後，《雜阿含》八五四經卻提到：「如來出世及不出世，法性常住」〔註 51〕。此外，《雜阿含》二九九經提到：「緣起法者，非我所作，亦非餘人作，然彼如來出世及未出世，法界常住」。漢譯《雜阿含》裡所謂的「法界」與「法性」是什麼關係呢？這個問題其實也是《相應部》〈緣經〉裡「此界」與「法住性」、「法不變性」與「此緣性」之間關係的問題。

由於漢譯的《雜阿含》經文裡，「法界」與「法性」兩詞不曾同時出現，加上《雜阿含》據以譯爲漢文的梵文原典已佚失，因此不容易從《雜阿含》經文看出這兩個詞之間的強烈對比與各自側重面的不同，若單憑漢譯《雜阿含》的經文囫圇解讀，不免會因此將兩者混爲一談。但是若依據 Ch. Tripāthi

〔註 50〕《雜阿含》二九六經（《大正藏》卷二，頁八四中）：「若佛出世，若未出世，此法常住，法住法界。彼如來自覺知，成等正覺，爲人演說，開示顯發」。

〔註 51〕《大正藏》卷二，頁二一七下。

出版的梵文本來看，在其對照經裡，「法性」與「界」兩詞則皆被提及。如這部分提到：

> api tūtpādād vā tathāgatānām anutpādād vā sthitā eveyaṃ dharmatā dharma sthitaye dhātuḥ.〔註 52〕
>
> （而且諸如來出世或不出世，此法性常住，法常住於界。）

從這份由考古學者於東土耳其斯坦所獲的梵文《雜阿含》「雜因誦」裡的對照經，我們可看到它是將「法性」與「法」略分開談，並且把「法」解釋爲「法常住於界」（dharmasthitaye dhātuḥ），從而間接暗示「界」義的側重點的確是不同於前句裡「法性」義的側重點。正是因爲「界」與「性」這裡面的確存在著相當程度的差異或解釋的側重點不同，才分別藉由兩詞來解說之，否則乾脆一概解說爲「性」即可，根本就沒有分別論及的必要。我們依照這樣的觀點，再回到《相應部》〈緣經〉，對於這個說明「什麼是緣起」的段落加以澄清，或許對於之前的問題可以獲得可見度較明朗的答案。如經文提到：

> Katamo ca bhikkhave paṭicca-samuppādo? Jātipaccayā bhikkhave jarāmaraṇaṃ uppādā vā Tathāgatānam anuppādā va Tathāgatānaṃ, ṭhitā va sā dhātu dhamma-ṭṭhitatā dhamma-niyāmatā idappaccayatā. (P. T. S)〔註 53〕
>
> 諸比丘！什麼是緣起？諸比丘，（從）生之緣（而有）老死，無論諸佛如來出世或不出世，已住立的此（緣起的）界，法住性、法不變性、此緣性（是緣起）。（現代語譯）
>
> （註：框字是緣起，底線是界）

由於這整個段落都是在說明「什麼是緣起」，不但以「界」說明緣起之界，連「法住性、法不變性、此緣性」亦是說明緣起之不同面向的特性。但是，雖然句中的「界」與「法住性」、「法不變性」與「此緣性」等皆是名詞主格同位語，不過這並不代表「界」與「法住性」等詞所側重的面向是相同的。這種同位語的表達，我們可以藉由印度神話裡的「羅摩」（Rāma）這個人爲例，來加以說明。若以「英雄、情人、家主、人子」等同位語形容羅摩這人物，當可知道這是從不同的面向來說明羅摩的身份，強調各自的側重面，但是這

〔註 52〕Ch. Tripāthi, *Fūnfundzwanzig Sūtras des Nidānasaṃyukta*,Berlin, 1962, S. 164.

〔註 53〕*Saṃyutta-Nikāya* vol. II, p. 25。漢譯請參見《相應部二》，《漢譯南傳大藏經》第十四冊，頁二九。

種種「身份」彼此的內涵與外延卻並非一致，猶如「英雄」的定義不同於「情人」、「家主」亦不同於「人子」般，但是它們所形容或說明的對象則皆是羅摩。

同樣的道裡，《相應部》〈緣經〉的這段文字裡，經文藉由「界」、「法住性」、「法不變性」與「此緣性」等四詞，亦是從不同的側重點說明緣起。若再加上隨後經文提到：「諸比丘！緣無明而有行。諸比丘！於此有如性、不虛妄性、不異如性、此緣性，諸比丘！此謂之緣起」。整個經文裡就有七種藉以說明「緣起」七種不同特色的詞彙。而其對照經的《雜阿含》二九六經，則作：「法住、法定（麗本誤作「法空」）、法如、法爾、法不離如、法不異如、審諦、眞實・不顚倒，如是隨順緣起」〔註 54〕。由此可見，這些用以說明「緣起」特色的詞彙甚多〔註 55〕，而「界」只是眾多形容與說明緣起特色的其中之一，就其所要表達緣起之範圍義，更是有別於其它論及緣起理則（性）的特色，似乎找不到任何充分而必要的理由非得將「界」往「性」義靠攏不可。

4.4 小結

以上，我們依據文法分析，解讀《相應部》「緣起相應」第二十經〈緣經〉（*Paccaya*）經之「界」義，並藉此評估阿毘達磨佛教以來將「界」解釋爲「性」的詮釋傳統，並以另一種角度解讀。並且，我們結論出「緣起」與「界」之間有著無法切割的關係：亦即「緣起」與「界」皆是指從「緣」到「緣已生法」；然而，就範圍義而言，「界」乃是「緣起之界」，且「緣起」乃是「緣起於界」；就重疊義而言，「緣起即界」。雖然礙於題目與篇幅的限定，本文的論述無法一一考察《阿含經》裡所有「界」與「緣起」相關的經文，但是就我們所獲得的結論而言，則是同樣適用於《阿含經》其它經文裡所說的「界」義，與作爲緣起概念之一般性意義。

〔註 54〕《大正藏》卷二，頁八四中。

〔註 55〕又請參見楊郁文，〈緣起之「此緣性（idappaccayatā）」〉，《中華佛學學報》第九期（台北：中華佛學研究所，一九九六年），頁二九～三二。

5 緣起之諦

摘要

本文目的在於探討四諦與緣起概念之交涉，並藉上述探討的成果重新詮釋緣起概念之「諦」義。

於（一）「前言」裡，指出《雜阿含》的編輯者將「諦相應」與「緣起相應」皆編入「雜因誦」裡，可見兩種主題思想之間，具有本質的共通性。

其次，於（二）「問題之提出」裡，指出「四諦是緣起教學之整理」的命題，並依此導出「緣起與四諦如何交涉」與「如何詮釋緣起概念之『諦』義」兩問題。

再者，於（三）「緣起與四諦的交涉」裡，藉由初期佛典的經據，分別探討緣起與四諦本身，與四諦之「苦、集、滅、道」各諦，如何交涉。

隨後，於（四）「緣起之諦」裡，分析四諦的四重性，並以「編輯者之詮釋性」的觀點，重新解釋緣起概念之「諦」義，並將「諦」詮釋爲「要義」義。

最後，於（五）「結論」裡，爲本文作結語。

5.1 前言

雖然「諦相應」經群主要是以四諦作爲論述的主題，但是南北傳《阿含經》裡，「諦相應」的位置各有不同。巴利《相應部》的「諦相應」被納入「大品」（Mahā-Vaga）裡〔註 1〕，而與道、覺支、念處、入出息相應等同列，可見巴利佛典的編輯者傾向於重視其修道實踐一面。至於漢譯《雜阿含》的「諦相應」則被納入「因緣誦」裡〔註 2〕，而與緣起、食、界等相應同列，可見《雜阿含》的編輯者認爲「諦相應」與緣起概念相關涉，才將之納入「因緣誦」。

由於《雜阿含》的集結者將「諦相應」與「緣起相應」、「食相應」、「界相應」等經群皆編入「雜因誦」裡，視之爲「緣起」（因緣）的廣義解釋，因此若就物以類聚的原則加以合理地推測，初期佛典的集結者們應會同意這些經群裡的主題思想，彼此具有本質的共通性，或可補充與深化思想間的認識，而有集結類聚爲一誦的必要性。依此線索考量，本章以「緣起之諦」爲題，針對「諦相應」之（四）諦思想與「緣起相應」之緣起概念這兩項主題思想，探討兩者之間義理的交涉以及隱含的可能問題。

至於，歷來關於四諦思想的研究，相關學者對於這方面亦多所貢獻。例如：宇井伯壽的《印度哲學研究》第一、第二等，屢屢研究四諦說，特別是其中的〈原始佛教資料論〉與〈八聖道の原意及其變遷〉、〈阿含の成立に關する考察〉等文皆有詳細討論〔註 3〕。此外，宮本正尊於〈最初說法と中道〉裡〔註 4〕，論證出〈轉法輪經〉裡「離二邊中道」的教法乃是古型的教說。還有增永靈鳳於《根本佛教の研究》裡，深入考察四諦說的意義〔註 5〕。而水野

〔註 1〕《相應部》「大品」的「諦相應」共有一〇三經。請參見 *Saṃyutta-Nikāya*. vol. V, pp. 414~478。漢譯經文請參考《相應部六》，《漢譯南傳大藏經》第一八冊，頁三〇一～三八七。

〔註 2〕《雜阿含》「因緣誦」、「諦相應」共有六五經，分別從《雜阿含》三七九經～四四三經。請參見《大正藏》卷二，頁一〇三下～一一四下。

〔註 3〕宇井伯壽，《印度哲學研究》第二（東京：岩波書店，一九二五年），頁一九二以下。同《印度哲學研究》第三（東京：岩波書店，一九二六年），頁五以下、頁三五二以下等。

〔註 4〕宮本正尊，《根本中と空》（東京：第一書坊，一九四三年），頁一四七～二一四。

〔註 5〕增永靈鳳，《根本佛教の研究》（千葉縣：風間書房，一九四八年），頁八八～一一三、二〇九～二四二。

弘元於〈轉法輪經について〉論文裡，詳細搜尋〈轉法輪經〉的資料，並將之分爲「五類二十三種」〔註 6〕。還有中村元的《原始佛教の思想》下，於第五編第二章「眞理を見る」裡，從新古成立的觀點來檢視四諦說，並闡明其成立史。〔註 7〕

另外，森章司的〈原始佛教の四諦說〉一文〔註 8〕，與三枝充悳的《初期佛教の思想》第七章「四諦」〔註 9〕，亦蒐集相當多資料。此外，Alfonso Verdu 所著的《初期佛教哲學》（*Early Buddhist Philosophy*）〔註 10〕，基本上即是以四諦的探討爲核心。而聶秀藻的《原始佛教四諦思想》一書，則是以《成實論》對於四諦的解釋作爲初期佛教四諦思想的內容〔註 11〕。至於傅偉勳的〈四聖諦的多層義蘊與深層義理〉一文〔註 12〕，從他個人的「創造詮釋學」觀點對於四諦思想多層次的詮釋，這亦是另外一種寫作的進路。礙於篇幅與本文所設定的論題方向等限制，當然無法盡舉所有國內外學者的研究成果，不過從以上這些學者的研究成果，已可提供研究者方便的研究資訊。

5.2 問題之提出

5.2.1 四諦是緣起教學之整理

四諦與緣起皆是初期佛教重要教理，同時亦被視爲是佛陀證悟的主要內容之一。但是關於佛陀證悟之內容爲何的問題，雖然部份學者就初期佛教經典裡論及佛陀證悟的內容加以整理，其中包括緣起與四諦等等種種的法門

〔註 6〕水野弘元，〈轉法輪經について〉《佛教研究》創刊號（一九七〇年），頁一一四～一九二。

〔註 7〕中村元，《原始佛教の思想》下（中村元選集第一四卷）第五編第二章「眞理を見る」，一九六一年，頁九～四〇。

〔註 8〕森章司，〈原始佛教における四諦說について——その資料整理——〉（《大倉山論集》第一〇號，一九七二年三月）。

〔註 9〕三枝充悳，《初期佛教の思想》（東京：東洋哲學研究所，一九七八年），頁四一〇～四四一。

〔註 10〕Alfonso Verdu, *Early Buddhist Philosophy: in the Light of the Four Noble Truths*, Delhi, Motilal Banarsidass, 1985.

〔註 11〕聶秀藻，《原始佛教四諦思想》（台北：佛光出版社，一九九〇年）。

〔註 12〕傅偉勳，〈四聖諦的多層義蘊與深層義理〉，《佛教思想的傳承與發展——印順導師九秩華誕祝壽文集》（台北：正聞出版社，一九九五年四月），頁三一～五四。

〔註 13〕，不過學者之間各有所見而莫衷一是，亦未對此問題下定論〔註 14〕。但是或許這些學者過度謹慎地遍求諸經據裡有關證悟內容的法義，反而形成不必要的猶豫與疑慮，甚至因此忽略了種種證悟法門所演示或教化之「地點」與「應機」的重要性，才會對於這個問題遲遲不決。

依據《阿含經》〔註 15〕與《律藏》〔註 16〕記載，緣起是佛陀於菩提樹下成道內觀的內容，而四諦則是佛陀於證悟後遠涉至鹿野苑，爲五比丘說法的最初內容〔註 17〕。若以地點的位置著眼，佛陀證悟於菩提樹下無問自說緣起

〔註 13〕宇井伯壽曾經就釋尊證悟的內容嘗試舉出十五種説法，其中包括（因三轉十二行有的）四諦知見、四禪三明、四念處、五取蘊味患出離、五根集滅味患出離、四神足、八聖道、十二因緣、聖求（不生不老不病不死無憂無穢等無上安穩的涅盤）等等，不一而足。值得注意的是，雖然宇井自己在文字中強調了四諦説與十二因緣的重要性，但又認爲此類説法可能帶有後來的推測，所以他也無由確定何種説法才是釋尊證悟的眞正內容，因此他並不排斥釋尊是悟到緣起的論點，並請傾向於普遍地接受釋尊證悟的內容是有關於「緣起」。參見宇井伯壽，《印度哲學研究第三》（東京：岩波書店，一九六五年），頁三九四～四一四。

至於平川彰對這個問題的看法，則是認爲佛陀所悟到的是「法」，至於所謂的「法」義，就廣義而言是包括四諦與緣起，而其內容可從原始經典的全體去推知，因此平川彰並不排斥佛陀所悟到的是「緣起」之看法。參見平川彰，《インド佛教史（上）》（東京：春秋社，一九七四年），頁四〇～四一。

〔註 14〕例如武内紹晃在〈緣起と業——管見〉指出：「關於原始佛教的緣起，先有中村元博士在他《原始佛教の思想》（下）發表過非常詳細的研究，又有三枝充悳教授在他《初期佛教の思想》列舉了有關全部資料，依此進行他的文獻學研究。然而這並不等於説，當代研究者對於緣起説的見解是一致的。昭和五十三年（即一九七八）至五十五年（一九八〇）之間，三枝充悳、舟橋一哉、宮地廓慧諸位在《中外日報》上展開過前後多達十次的原始佛教緣起論爭，便是其中一個例子」。參見龍谷大學佛教學會所編《緣起の研究》（京都：百華苑，一九八五年），頁二。

〔註 15〕例如《雜阿含》三六九經、三七〇經，《大正藏》卷二，頁一〇一中下。

〔註 16〕請參見《彌沙塞部和醯五分律》卷一五，《大正藏》卷二二，頁一〇二下～一〇三上；《根本説一切有部毘奈耶破僧事》卷五，《大正藏》卷二四，頁一二三下～一二四中；《摩訶僧祇律》卷八，《大正藏》卷二二，頁二九五上、三六四上、四三九上；《四分律》卷三一，《大正藏》卷二二，頁七八六下。*Vinaya* vol. I, p. 1。與漢譯《律藏三》，《漢譯南傳大藏經》第三冊，頁一～二。

〔註 17〕例如《大般涅槃經》卷三（《大正藏》卷一，頁二〇四上）：「成阿耨多羅三藐三菩提，得一切種智。即往波羅捺國鹿野苑中仙人住處，爲阿若憍陳如等五人，轉四諦法輪。其得道跡，爾時始有沙門之稱」。關於佛陀於鹿野苑爲五比丘説四諦之記載，另參見《雜阿含》三七九經，《大正藏》卷二，頁一〇三下；*Saṃyutta-Nikāya*. vol. V, pp. 421~424。漢譯經文請參考《相應部六》，《漢譯南

教法，這在時間的列序上顯然先於鹿野苑的四諦法會，更遑論後晚的法會。若是如此，則佛陀於菩提樹下證悟而自說的緣起教法，顯然比起其它教法更具時間的優位性，這是毫無置疑的，根本不需要博引經據佐證才能安心證明。

另外值得注意的是，佛陀於菩提樹下證悟之際，當時三寶之一的僧團並未成立，換言之，在沒有教化對象存在的情況下，這時候自說的緣起教法並沒有應機說法的考量。相對於此，佛陀於鹿野苑以及隨後的法會，勢必考量聽法者的資質與宗教背景，而將法義適度地調整。這可說是基於教學的考量，將自己所悟的緣起法義加以綱要整理，同時亦避免曲高和寡而無助於聽法者的學習。但是話說回來，這種將證悟內容調整爲常人所能接受程度之教學考量，比起於菩提樹下無聽法對象、無教學考量而自說證悟的緣起教法，前者總是經過幾分過濾與選擇。爲此，佛陀於菩提樹下的自說偈內容顯得格外重要，因爲它純然是由衷而發，不用顧慮聽法對象的存在，亦不需要任何教學考量，相較之下顯得更是單純與樸素。若依此斷定緣起教法比起任何於經典裡應機說教而提到的證悟內容，更趨近於證悟內容的樸素性者，可說一點並不爲過。

另外，宇井伯壽談及四諦法門成立過程時指出，從佛陀的開悟處菩提伽耶到五比丘所住的鹿野苑，直線距離有兩百多公里，在道路不便的古代，要到達此地必須有相當的時日，因此四諦的教法很可能是在這個時候成立的，一方面佛陀在此間，從自己所證悟的內容、組織成說教的形式而成立四諦說的綱領，一方面思惟該以何種適當內容教化五比丘。〔註 18〕

若宇井伯壽這樣的論點成立，則四諦的教法顯然可看成是佛陀在教學策略運用上的初步系統化或補充解釋的結果，而此一系統化後的四諦思想其必然是依據其教學總則——緣起教法——而來。並且緣起與四諦兩者的交涉，應當有其時間先後的意義，亦即緣起思想先於四諦，而爲四諦法門的樸素原貌。甚至再精確地說，就教學考量而言，四諦的定型模式乃是緣起思想的剪裁與補充，前者的原則雖然不離緣起，但是其模式則是在教學目的之考量

傳大藏經》第一八冊，頁三一一～三一五。

〔註 18〕參見平川彰著，吳老擇譯，〈四諦說之種種相與法觀（一）〉《妙林》卷期二：四（台北：妙林精舍，一九九〇年四月），頁二五～二七。亦參見宇井伯壽，〈根本佛教的教說〉，收錄於現代佛教學術叢刊第九四冊《原始佛教研究》（台北：大乘佛教出版社，一九七八年十二月），頁二六一。

下，作為緣起思想再修訂與補充。如此說來，即可初步解答「既然佛陀於菩提樹下證悟的內容是緣起法則，可是為何卻對於五比丘教導以四諦法門」的問題。

5.2.2 問題之提出

然而，若這樣的假設成立，則它勢必衍生出兩個需要進一步澄清的問題。其一，既然四諦乃是緣起教學之系統化或補充解釋的結果，則四諦必然與緣起思想有所相交涉，若是如此，兩者義理如何交涉，這個問題就需要我們提出論述與釐清。其二，既然四諦乃是緣起教學之系統化或補充解釋的結果，則從「緣起」教法的通則以至於被整理為「諦」化的綱要細目，這裡的「諦」字的意義應該如何解釋，這又是另一個問題。

換言之，我們藉由第一個問題來探討四諦與緣起兩者之交涉關係，並證成四諦乃是緣起之教學系統化或補充解釋的結果；其次，藉由第二個問題的探討，論述「諦」義如何作為緣起概念之一般性意義。而這兩部分即構成本文主要內容。

5.3 緣起與四諦的交涉

5.3.1 緣起與四諦之教理類型

在進行探討四諦與緣起兩者如何交涉之前，我們先就教理的變化與發展方面，考察兩者之教理類型。大體說來，緣起與四諦在教理的變化與發展的情形並不相同。先以緣起為例，我們可以看到《阿含經》的緣起說存在著種種類型。從《經集》（*Sutta-Nipāta*）兩支緣起之素樸的緣起系列，乃至組織完備的緣起系列，例如五支緣起、七支緣起、九支緣起、十支緣起、十二支緣起，甚至發展到成為「別系統的緣起」〔註 19〕等。由於這之間存在著種種不

〔註 19〕 所謂「別系統的緣起」，意指其型態與緣起系列相似，但是緣起支的內容並非傳統的十二支緣起。初期佛典裡，這種「別系統的緣起」也有多種類型，在此略舉一例。例如論及社會層面的緣起系列，如《長阿含》〈大緣方便經〉（《大正藏》卷一，頁六〇下）提到：「阿難！我以此緣，知愛由受，緣受有愛。我所說者，義在於此。阿難！當知因愛有求，因求有利，因利有用。因用有欲，因欲有著，因著有嫉，因嫉有守，因守有護。阿難！由有護故，有刀杖、諍訟、作無數惡」。

同的緣起系列，可見其思想的形成有著變化性的開展。〔註20〕

然而，相對於緣起說的豐富變化，四諦的教法就顯得穩定與單調，一開始就是苦集滅道四諦，即便到後期佛教思想發展的階段裡，依然還是苦集滅道四諦並陳，教理型態上幾乎不存在著任何變化，也看不出其思想外延的過度擴張。這如同三枝充悳的研究指出，雖然巴利藏的《小部》（*Khuddaka-Nikāya*）裡可見到五種不同的四諦的巴利文句型，但是就四諦之思想與概念而言，可謂爲相當古老的佛教教理，不但素樸與單調，並且缺乏變化。〔註21〕

因爲緣起系列的「多樣變化」恰與四諦的「系統綱要」形成對比，就此而言，「多樣變化」與「系統綱要」對比下所呈現的意義就值得耐人尋味。究竟這種以既定數目型態呈現的佛教教理（這也包括其它固定數目的法數，如三法印、四果、四禪、八正道，甚至是十二緣起等）本身可挖掘到何種隱含的意義呢。或許我們可以這般設想：原創性的觀念或思想往往抽象度高而不易瞭解，爲了幫助受學者記憶與理解，於是「以簡御繁」的綱要列舉與「以繁詮簡」的多樣解釋，便運應而生。而上述兩者，當然是經過教學者對於原創觀念加以修訂與補充過的結果，因而從時序的歷程看，這是屬於後續的步驟與作業。

若依這般設想，則不但素樸的緣起思想與四諦思想的關係可如此看待，即使是樸素的緣起思想與十二緣起思想關係亦可如此看待。亦即這些量化型態之佛教教理的出現，乃是原創性觀念被系統化或補充解釋的結果。至於其原創性觀念應當是相當單純而樸素，同時正因爲單純與樸素，以至於需要較精緻化的解釋或綱要化的條列來補充說明。

至於上述兩種「以簡御繁」與「以繁詮簡」的運用，經常可以從經典裡看到，而緣起與四諦兩者之間的交涉，亦可從中找到痕跡。若以《相應部》〈緣經〉（*Paccaya*）這部解釋「緣起」之經典爲例，其中於經文某一段落裡，以相當簡單的緣起系列說明緣起：

〔註20〕中村元指出，緣起思想並不是一開始就呈現目前完備的十二支緣起型態，而是由簡漸繁地變化性開展而成；爲此，他特別重視南傳巴利藏的《經集》，認爲從中可發現到緣起說的原型。參見中村元，〈緣起說の原型〉，《印度學佛教學研究》第五卷第一號，頁五九～六八。另請參見中村元，《原始佛教の思想》下卷（東京：春秋社，一九七一年），頁四一～七二。

〔註21〕三枝充悳，《初期佛教の思想》（東京：東洋哲學研究所，一九七八年），頁四一六～四一七。

何謂緣起？比丘等！生緣老死（jātipaccayā jarāmaraṇaṃ）。〔註 22〕

僅以這段經文嚴格地限定我們對於緣起的理解，則上述經文裡的「緣起」，將被理解爲「從生之緣（jātipaccayā）到老死（jarāmaraṇaṃ）」之間的歷程。但是若僅從字面解讀，顯然是無法從中看到緣起與四諦之「苦、集、滅、道」等諦有任何交涉，也無法切確知道緣起教理的內容究竟要表達什麼。換言之，除非有更進一步的解釋、申論與系統化地整理其內蘊的義涵，否則我們對於這種過度單純而樸素的緣起概念的理解依舊是模糊不清的。

此外，因爲這裡緣起所探討的重點只是側重於「緣」與「緣已生法」之間而立論，若依此將緣起與四諦兩種教理劃分開來，就嚴格的界定而言，其實亦不算不妥。因爲並沒有充足與必要的理由，能夠證成以「苦」思想爲核心的四諦思想是源於對於緣起思想的系統化或補充解釋。不過，話說回來，以這般二分斷裂的理解來看待緣起與四諦的方式並不是初期佛教的常態，因爲在大多數的論及緣起的經文裡，都可以找到四諦的痕跡。例如《相應部》〈法說經〉（*Desana*）提到緣起時：

諸比丘！何謂緣起？諸比丘！緣無明有行，緣行有識，緣識有名色，緣名色有六處，緣六處有觸，緣觸有受，緣受有愛緣，緣愛有取，緣取有有，緣有有生，緣生有老死、愁、悲、苦、憂、惱。如是，此乃全苦蘊之集。諸比丘！此謂集起（samuppada）。〔註 23〕

這裡對於緣起系列的描述顯得較爲多樣豐富。若說前引《相應部》〈緣經〉經文對於緣起的論述是「以簡御繁」的簡答式，則這裡的論述則是「以繁詮簡」的申論式，從中不僅可見到緣起系列的擴大，亦可見到四諦思想裡關於苦、集、滅等諦的雛型，甚至廣義的道諦解釋亦可從中尋到理論的痕跡。就此而言，從緣起到四諦，之間的連貫性不容被忽視。

5.3.2 緣起與四諦之相似處：如、不離如、不異如

此外，若緣起與四諦之間的義理存在著交涉，則從緣起的原創性觀念以至於到四諦法門的確立，這其間的過程應該可以於初期佛教經典裡尋出發展與變化痕跡。至於，其中的證據之一，可從《阿含經》對這兩種思想的形容

〔註 22〕*Saṃyutta-Nikāya* vol. II, p. 25。漢譯請參見《相應部二》，《漢譯南傳大藏經》第十四冊，頁二九。

〔註 23〕*Saṃyutta-Nikāya* vol. II, pp. 1~2。漢譯請參見《相應部二》，《漢譯南傳大藏經》第十四冊，頁一～二。

用語裡見到。

例如《雜阿含》二九六經將「緣起」解說成「謂此有故彼有，謂緣無明行，緣行識，乃至如是如是純大苦聚集」，隨後並使用「法住、法空、法如、法爾、法不離如、法不異如、審諦、眞實、不顚倒」等語彙形容緣起〔註 24〕。就此而言，前者乃是從「緣起」之整體內容，與從「緣」與「緣已生法」彼此的有無生滅的立論，後者則是說明「緣起」作爲理則或法則之特性。至於，對照經的《相應部》〈緣經〉(*Paccaya*) 則分別以「法住性 (dhamma-ṭṭhitatā)、法定性 (dhamma-niyāmatā)、此緣性 (idappaccayatā)」或「如性 (tathatā)、不離如性 (avitathatā)、不異如性 (anaññathatā)、此緣性 (idappaccayatā)」等詞說明緣起作爲理則或法則之特性〔註 25〕。這裡用以形容「緣起」的「如」(tathā)，又或譯作如如、眞如、如實，亦即《雜阿含》二九六經「或佛出世，或佛不出世」經文所揭示的眞實理則，其不因時間的遷變而遷變。而這也正是緣起作爲理則的特色。若將上述的形容緣起的詞彙與《阿含經》用以形容四諦的形容用語相對比，從中不難見到相似語彙的運用。例如《雜阿含》四一七經提及四聖諦時：〔註 26〕

> 佛告比丘：汝云何持我所說四聖諦。
>
> 比丘白佛言：世尊說苦聖諦，我悉受持。如如、不離如、不異如。眞、實、審諦、不顚倒，是聖所諦。是名苦聖諦。世尊說苦集聖諦、苦滅聖諦、苦滅道跡聖諦。如如、不離如、不異如。眞實、審諦、不顚倒，是聖所諦。是爲世尊說四聖諦，我悉受持。
>
> 佛告比丘：善哉！善哉！汝眞實持我所說四聖諦。如如、不離如、

〔註 24〕《雜阿含》二九六經（《大正藏》卷二，頁八四中）：「爾時，世尊告諸比丘：我今當說因緣法及緣生法。云何爲因緣法？謂此有故彼有，謂緣無明行，緣行識，乃至如是如是純大苦聚集。
云何緣生法？謂無明、行。若佛出世，若未出世，此法常住，法住法界。彼如來自所覺知，成等正覺，爲人演說，開示顯發。謂緣無明有行，乃至緣生有老死。若佛出世，若未出世，此法常住，法住法界。彼如來自覺知，成等正覺，爲人演說，開示顯發。謂緣生故，有老、病、死、憂、悲、惱苦。此等諸法，法住、法空、法如、法爾、法不離如、法不異如、審諦眞實、不顚倒、如是隨順緣起。是名緣生法：謂無明、行、識、名色、六入處、觸、受、愛、取、有、生、老、病、死、憂、悲、惱苦，是名緣生法」。

〔註 25〕*Saṃyutta-Nikāya* vol. II, p. 25。漢譯請參見《相應部二》，《漢譯南傳大藏經》第十四冊，頁二九。

〔註 26〕《雜阿含》四一七經，《大正藏》卷二，頁一一〇下。

不異如。眞、實、審諦、不顚倒，是聖所諦。是名比丘眞實持我四聖諦。

至於其漢譯的對照經，亦即《相應部》「諦相應」〈如經〉（*Tathā*）裡則如下提到：〔註 27〕

諸比丘！有四種是如（tathatā）、不離如（avitathatā）、不異如（anaññathatā）。以何爲四耶？

諸比丘！「此是苦」，爲如、爲不離如、不異如。

「此是苦集。」，爲如，爲不離如、不異如。

「此是苦滅。」爲如，爲不離如、不異如。

「此是順苦滅道」，爲如，爲不離如、不異如。

諸比丘！此四者，爲如，爲不離如、不異如。是故諸比丘！此是苦，應勉勵！此是苦集，應勉勵！此是苦滅，應勉勵！此是順苦滅道，應勉勵！

於上述這兩段經文裡，《雜阿含》四一七經與《相應部》〈如經〉對於四諦共同描述語彙是「如（性）（tathatā）、不離如（avitathatā）、不異如（anaññathatā）」，這不但相同於《相應部》〈緣經〉對於緣起的形容語彙，同時亦近似於《雜阿含》二九六經對於緣起的描述。此外，在初期佛教教理裡，以「如、不離如、不異如」作爲形容語彙，不論是南傳或北傳的《阿含經》，就本文所見的範圍而言，也只限於緣起與四諦，卻未見於其他教理，由此可見這兩者之間的質地應該相當貼近，就算不能說兩者完全等同，但至少可預見彼此於義理的交涉上相當貼密。

順帶一提的是，《中阿含》一九〇經的〈小空經〉提到「空」時，將「行眞實、不顚倒」與「空」一併提及〔註 28〕。然而「眞實、不顚倒」等詞彙亦是漢譯《雜阿含》用以形容緣起與四諦的形容詞彙，就此而言，空、緣起與四諦在佛教教理的鋪陳上應當有其交涉與連貫的義涵，値得吾人加以注意。不過這課題並非本文探討範圍，在此存而不論。

除了上述的相似處之外。緣起系列的經文裡，不論是十二支緣起、十支緣起或兩支緣起，往往可見到句型結尾都會附上「緣生而有老死、愁、悲、

〔註 27〕*Saṃyutta-Nikāya* vol. V, p. 430。漢譯請參見《相應部六》，《漢譯南傳大藏經》第十八冊，頁三二四。

〔註 28〕《中阿含》一九〇經，〈小空經〉，《大正藏》卷一，頁七三七中。

苦、憂、惱，如是全苦蘊之集」或「由生滅，有老死、愁、悲、苦、憂、惱等滅，如是全苦蘊之滅」這兩種順觀與逆觀緣起的句型。就此看來，《阿含經》裡緣起教法所要探索的意義，除了論及「緣」到「緣已生法」的動態歷程之外，其關懷亦表現於以「苦」爲核心的課題。這與四諦之「苦聖諦」的探討是相似的。

再者，於緣起系列裡，「緣」到「緣已生法」的動態歷程亦表現爲二條進路：一條是緣起的進路，依據苦蘊之集起而開展有情煩惱生命的緣起雜染流轉；另一條是緣滅的進路，依據苦蘊之熄滅而有情煩惱生命得以緣滅而清淨涅槃。這兩條進路也相當於四諦裡的「苦集聖諦」與「苦滅聖諦」所探討的內容。

此外，「緣」到「緣已生法」的動態歷程亦表現於「別系統的緣起」裡，這部份往往偏向於社會倫理甚至是修行道次地的內涵，亦可視爲「苦滅道跡聖諦」的論述。諸此種種，皆可從中見到緣起與四諦的交涉。然而爲了詳細解釋兩者交涉的細節，我們於下透過初期佛典的記載，探討與四諦與緣起（特別是以十二支緣起系列）兩者的交涉與對比。

5.3.3 苦諦與緣起之交涉

首先，就四諦的整體內容作一考察，若以《相應部》「諦相應」〈如來所說經〉（*Tathāgatena vutta*）提出四諦的內容爲例：〔註 29〕

> 諸比丘！苦聖諦者，即是此，謂：生苦、老苦、病苦、死苦、愁悲憂惱苦、遇怨憎會苦、與所愛者別離苦、所求不得苦，略說爲五取蘊苦。
>
> 諸比丘！苦集聖諦者，即是此，謂：後有起、喜貪俱行、隨處歡喜之渴愛，謂：欲愛、有愛、無有愛是。
>
> 諸比丘！苦滅聖諦者，即是此，謂：於此渴愛無餘、離滅、棄捨、定棄、解脫而無執著。
>
> 諸比丘！順苦滅道諦者，即是此，所謂八支聖道是。謂：正見、正思惟、正語、正業、正命、正精進、正念、正定是。

前引經文裡，苦諦主要是以「生、老、病、死、怨憎會、愛別離、求不得、

〔註 29〕*Saṃyutta-Nikāya* vol. V, pp. 421~422。漢譯參見《相應部六》，《漢譯南傳大藏經》第十八冊，頁三一二。

五取蘊苦」等傳統佛教所說的八苦，再加上「愁、悲、憂、惱」作爲苦諦的內容。由於這種種苦莫不是源於對於身心（色、受、想、行、識）五蘊的執著而產生，因而以「五取蘊苦」（pañca-upādāna-kkhandhā dukkhā）作爲種種苦的略說。

初期佛教的觀點認爲，存在於此世（being in the world），莫不經歷生、老、病、死的存在變化，雖然這些存在的變化是必然歷經的過程，然而對於時間稍縱即逝的感受度並不是那麼敏感與強烈的凡夫而言，往往只有面對生命劇烈的變化時，才會警覺時不予我的無常感。雖然苦的內容不限於「生、老、病、死」，但是在這些劇烈變化的生命歷程中，尤其以「生、老、病、死」等帶給人們的意義最爲深刻，因此才以此四苦爲苦諦的代表。而這與十二支緣起說裡最後以生、老死二支揭舉苦蘊之集起，用意是一致的。

苦諦所揭舉的「生、老、病、死」四苦，乃是從明顯而宏觀的歷程看待有情生命的存在現象。這一方面說明了生命的必然歷程是如此，另一方面也從時間意義的面向隱然地指出：生、老、病、死等苦的前景是基於生滅無常的背景而成立的。因爲若無生滅無常的時間，也就無生老病死的存在變化。爲此，「苦」的義涵並不僅是一般所理解的「苦難」義，它更爲深刻的隱涵的意義在於時間意義的「無常」，故經云「無常故苦」。〔註 30〕

從好轉壞，固然無常是苦，從壞轉好，亦是無常是苦。這表現於人我之際的愛恨別離時是如此，表現於心理欲求時亦是如此。「怨憎會、愛別離」等苦則是將苦的內容拓展到社會倫理的意義去看待，而「求不得」苦則是將苦的內容著眼於心理層面，看待有情眾生無法安於現狀而企求改變的心理苦，這裡的「企求改變的心理苦」，無非就是心理對於「無常」的抗拒而導致的。若有情（sentient being）不能也不願認清與接受經驗世界的無常，反而以單方面主觀的所好、所喜、所願、所信來設想與將經驗世界的圖像加以固著不放，一旦客觀經驗事實與主觀心理認定不一致時，於是「憂、悲、愁、惱」等諸種情緒煩惱也就隨之而起。然而，就初期佛教的意義而言，這種種苦皆可總結爲「五取蘊苦」，亦即《相應部》「諦相應」〈蘊經〉（*Khandha*）所言：〔註 31〕

〔註 30〕《別譯雜阿含經》三三一經，《大正藏》卷二，頁四八六中。

〔註 31〕*Saṃyutta-Nikāya* vol. V, p. 425。漢譯請參見《相應部六》，《漢譯南傳大藏經》第十八冊，頁三一七。

諸比丘！云何爲苦聖諦耶？謂五取蘊是，謂：色取蘊、受取蘊、想取蘊、行取蘊、識取蘊是。諸比丘！此名爲苦聖諦。

五蘊是色、受、想、行、識等五蘊，亦是初期佛教對於有情的存在結構的五種範疇分析，而有情對於存在的執取後所產生的五種身心狀態即是五取蘊，總結說來，任何身心狀態的苦惱皆可納入五取蘊的這五種範疇裡分別考量。雖然五取蘊說明有情煩惱執取時的五種存在結構的身心狀態，但是若要說明五取蘊之所以形成的過程，則必然推論出有情的存在結構裡，有著認識的途徑使之如此。而這所謂的認識途徑，即是六入處，亦即對外認識的六種管道。如《相應部》「諦相應」〈處經〉（*āyatana*）：〔註 32〕

諸比丘！云何爲苦聖諦耶？謂：六入處是。以何爲六入處耶？眼處、耳處、鼻處、舌處、身處、意處是。諸比丘！此名爲苦聖諦。

不管是從宏觀的「生老病死」生命歷程著眼，或從社會倫理的「怨憎會、愛別離」與心理的「求不得」著眼，或是有情存在結構的「五取蘊、六入處」著眼，總體說來，初期佛教認爲執著煩惱而迷惑的存在，皆看成是苦之呈現，而爲「一切皆苦」〔註 33〕。就此說來，苦諦的實質內容遠過於前引經文所提的論述，這亦是緣起乃「全苦蘊之集起」的意旨。

5.3.4 集諦與緣起的交涉

苦集諦的「集」（samudaya）字，巴利語是由聚合（sam）與生起（udaya）兩詞結合而成，依字面的解釋即是聚合而生起。「集」（samudaya）亦是表示原因的意思，這與前文裡我們提到的因緣類辭，如 nidāna、hetu、paccaya 等詞，皆具有相似的義涵。就此而言，苦集諦主要說明的是：苦亦是眾多原因聚合而生起的。換言之，初期佛教對於因果關係認爲：僅從一因是無法生起苦，無因亦無法生起苦。但是初期佛教對於集諦的說明，往往側重於僅將集諦解釋爲「渴愛」（taṇha），而這裡的「渴愛」即是緣起系列裡的「愛」支。如《相應部》〈如來所說經〉（*Tathāgatena vutta*）等〔註 34〕，皆將「渴愛」視

〔註 32〕 *Saṃyutta-Nikāya* vol. V, p. 426。漢譯請參見《相應部六》，《漢譯南傳大藏經》第十八冊，頁三一八。

〔註 33〕 《雜阿含經》三〇六經，《大正藏》卷二，頁八八上。

〔註 34〕 *Saṃyutta-Nikāya* vol. V, p. 421。漢譯請參見《相應部六》，《漢譯南傳大藏經》第十八冊，頁三一二。〈如來所說經〉經文提到：「苦集諦者，即是此。謂：後有起、喜貪俱行、隨處歡喜之渴愛，謂：欲愛、有愛、無有愛」。另外，也見於《相應部》「相應部」〈蘊經〉與〈處經〉，*Saṃyutta-Nikāya* vol. V, pp. 425~

爲集諦的主要內容，此外，於《四分律》〔註 35〕、《五分律》〔註 36〕、《增一阿含》〔註 37〕及安世高譯的《轉法輪經》〔註 38〕等，亦以渴愛來說集諦。而《根本有部律破僧事》〔註 39〕也是如此。由此可見，以渴愛作爲集諦內容的看法是相當一致的。

但是，既然苦是由眾多原因聚合而生起的，若僅以渴愛作爲苦生起的唯一原因，這顯然是不符合於多因生果的緣起觀點，應當還有其它原因共同存在與聚合在一起才能使苦生起。而除渴愛之外，法顯譯的《大般涅槃經》亦將無明列爲集諦的內容，視之爲引起人生八苦的原因〔註 40〕。不過，將渴愛與無明並列爲集諦之內的經文，僅見於此經，卻未見其它初期經典。然而，不論是以渴愛或無明作爲集諦的內容，應該辨明的是，初期佛典裡所列舉的項目應該都是代表性地舉要，而非認爲苦之生起的原因僅限於「無明」與「渴愛」兩緣起支。若非如此，無法解釋其它緣起支作爲苦因的正當性，亦不符合佛教的教理。

愛與無明於初期佛教證果修道所斷的貪瞋癡三煩惱裡，分別是貪與癡的異名，這兩者對於有情苦惱生命的影響甚重，因而初期佛典往往形容爲「一切眾生皆爲無明之所覆蓋，愛所纏縛」〔註 41〕。或者後期佛教思想逕將無明比喻爲父，將貪愛比喻爲母〔註 42〕，以雙親的具體事象說明這兩者的引生苦惱生命的重要性地位。由此可見，無明與愛對於煩惱生命影響力量之強勢。

426。漢譯請參見《相應部六》，《漢譯南傳大藏經》第十八冊，頁三一七～三一八。

〔註 35〕《四分律》卷三二，《大正藏》卷二二，頁七八八上。經文：「何等爲苦集聖諦？緣愛本所生，與欲相應愛樂，是謂苦集聖諦。」

〔註 36〕《彌沙塞部和醯五分律》卷一五，《大正藏》卷二二，頁一〇四下。經文：「何謂苦集聖諦？所謂有愛及俱生煩惱處處樂著，是謂苦集聖諦。」

〔註 37〕《增壹阿含經》卷一六，《大正藏》卷二，頁六三一上。經文：「彼云何名爲苦習諦？所謂習諦者，愛與欲相應，心恒染著，是謂名爲苦習諦。」

〔註 38〕《佛說轉法輪經》卷一，《大正藏》卷二，頁五〇三中。經文：「何謂苦習？謂從愛故而令復有樂性，不離在在貪喜，欲愛色愛不色之愛，是習爲苦。」

〔註 39〕《根本說一切有部毘奈耶破僧事》卷六，《大正藏》卷二四，頁一二八中。經文：「云何名集聖諦？所謂愛欲更受後有，愛喜貪俱行愛彼彼欣樂染愛。」

〔註 40〕《大般涅槃經》卷一，《大正藏》卷一，頁一九五中。經文：「集諦者，無明及愛，能爲八苦而作因本，當知此集諦是苦因。」

〔註 41〕《別譯雜阿含經》三三三經～三三五經，《大正藏》卷二，頁四八六中～四八七上。

〔註 42〕《大般涅槃經》卷一〇，《大正藏》卷一二，頁六六八下。

正是如此，就廣義而言，雖然「全苦蘊之集」之緣起系列裡的每一緣起支都可作爲苦生起的原因，但就其強度而言，其中的無明與渴愛兩緣起支位於決定性的關鍵地位，才從緣起系列的眾多緣起支裡，選取較具優勢的這兩支，強調其對於引發苦的重大影響，藉以說明集諦的內容。

其中，無明雖然是集諦的主要內容之一，它同時也是位於緣起系列之首的無明支的。但是《相應部》「諦相應」〈無明經〉（*Avijjā*）將無明的內容解釋是「對於苦、集、滅、道諦無知」〔註 43〕，至於其次經〈明經〉（*Vijjā*）則將「明」的內容解釋爲「知苦、集、滅、道諦」〔註 44〕。由此亦可看到，初期佛教是藉由緣起與四諦的內容作爲彼此解釋的依據，這亦呈現兩者義理的交涉密度。

至於渴愛。《中阿含》〈分別聖諦經〉將集諦譯爲「愛習苦習聖諦」，這也是以渴愛作爲集諦的內容。在此，「習」亦是「集」（samudaya）的譯語。所以「苦習聖諦」也就相當於其他經典所言的「苦集聖諦」。至於前加上「愛習」等字，也僅見於此經，卻未見於其他初期佛典。〈分別聖諦經〉提到的「愛」，這是對「內六處」的愛，這包括對妻、子、奴婢……等之愛；至於「外六處」之愛，則是對地、水、火、風、空、識等六界的愛；換言之，若對於上述「內六處」或「外六處」兩者，「於中若有愛，有膩、有染、有著者，是名爲習。」〔註 45〕

但是這裡提到渴愛的內容和《相應部》〈如來所說經〉（*Tathāgatena vutta*）等經所說的渴愛，在表達上是不同的。《相應部》〈如來所說經〉等經，將渴

〔註 43〕經文：「大德！云何爲無明耶？云何爲隨無明耶？比丘！苦之無智，苦集之無智，苦滅之無智，順苦滅道之無智，此名爲無明，如是者爲隨無明。」參見 *Saṃyutta-Nikāya* vol. V, p. 429。漢譯請參考《相應部六》，《漢譯南傳大藏經》第十八冊，頁三二二。

〔註 44〕經文：「大德！云何爲明耶？云何爲隨明耶？比丘！苦之智，苦集之智，苦滅之智，順苦滅道之智，此名爲明，如是者爲隨明。」參見 *Saṃyutta-Nikāya* vol. V, pp. 429~430。漢譯請參考《相應部六》，《漢譯南傳大藏經》第十八冊，頁三二二～三二三。

〔註 45〕《中阿含經》卷七，〈分別聖諦經〉（《大正藏》卷一，頁四六八下）：「諸賢！云何愛習苦習聖諦？謂眾生實有愛內六處：眼處、耳、鼻、舌、身、意處。於中若有愛、有膩、有染、有著者，是名爲習。……若有愛妻、子、奴婢、給使、眷屬、田地、屋宅、店肆、出息財物、爲所作業，有愛、有膩、有染、有著者，是名爲習。彼知此愛習，苦習聖諦，如是外處：更樂、覺、想、思、愛，亦復如是。諸賢！眾生實有愛六界：地界、水、火、風、空、識界。於中若有愛‧有膩‧有染‧有著者。是名爲習。」

愛解釋爲「後有起、喜貪俱行、隨處歡喜」者，並區分爲欲愛（kāmataṇhā）、有愛（bhavataṇhā）與無有愛（vibhavataṇhā）等三種渴愛〔註 46〕。至於，「欲愛、有愛、無有愛」等三愛，於《中阿含》的〈大拘絺羅經〉裡則被解釋爲「欲愛、色愛、無色愛」〔註 47〕。若以「欲界、色界、無色界」等三界解釋〈大拘絺羅經〉的三愛，則欲愛是以欲爲緣而生起的愛，有愛是以色爲緣而生起的愛，無有愛是以無色爲緣而生起的愛，這分別表達現下經驗裡渴愛的三種清濁度，卻未必指涉輪迴轉世後的報境。

重要的是應該認知到，作爲說明苦生起之原因的集諦，其立論的關懷必然是以苦諦所言之「苦」爲核心。然而，對於初期佛教而言，苦並非是抽離經驗（無記）的思惟，而是有情生命現下可以體驗的經驗內容。在凡夫的煩惱生命裡，智慧的缺乏（無明）與欲求的過度（渴愛）是導致苦的強勢要因，爲此初期佛典選取緣起系列裡的「渴愛」與「無明」這兩緣起支說明苦生起的原因。

5.3.5 滅諦與緣起之交涉

集諦說明苦生起之原因，滅諦則是說明苦生起之原因的消滅。爲此，滅諦所論及的緣起支，亦等同於集諦所論及的緣起支，主要內容亦以渴愛和無明之滅爲內容。例如《相應部》「諦相應」〈如來所經〉等諸經，將滅諦解釋爲「渴愛無餘、離滅、棄捨、定棄、解脫而無執著」〔註 48〕，而《大般涅槃經》則添加「無明」一項，將滅諦解釋爲「無明、愛滅絕於苦因，當知此滅，諦實是滅」〔註 49〕。然而，以渴愛和無明之滅作爲滅諦的內容，這仍是著重

〔註 46〕經文：「諸比丘！苦集聖諦者，即是此，謂：後有起、喜貪俱行、隨處歡喜之渴愛，謂：欲愛、有愛、無有愛是」。*Saṃyutta-Nikāya* vol. V, pp. 421~422。漢譯參見《相應部六》，《漢譯南傳大藏經》第十八冊，頁三一二。

〔註 47〕《中阿含》卷七，〈大拘絺羅經〉（《大正藏》卷一，頁四六三上）：「謂有比丘知愛如眞，知愛習，知愛滅，知愛滅道如眞。云何知愛如眞？謂有三愛欲愛、色愛、無色愛，是謂知愛如眞。云何知愛習如眞？謂因覺便有愛，是謂知愛習如眞。云何知愛滅如眞？謂覺滅愛便滅，是謂知愛滅如眞。云何知愛滅道如眞？謂八支聖道：正見，乃至正定爲八，是謂知愛滅道如眞。」

〔註 48〕*Saṃyutta-Nikāya* vol. V, p. 421。漢譯請參見《相應部六》，《漢譯南傳大藏經》第十八冊，頁三一二。另外，也見於《相應部》「相應部」〈蘊經〉與〈處經〉，*Saṃyutta-Nikāya* vol. V, pp. 425~426。漢譯請參見《相應部六》，《漢譯南傳大藏經》第十八冊，頁三一七～三一八。

〔註 49〕《大般涅槃經》卷一，《大正藏》卷一，頁一九五中。

於這兩支對於苦之生起具有的強勢地位而立論的，並非表示其它緣起支之滅不能作爲滅諦的內容。這與前面提到以渴愛、無明兩支作爲集諦內容之代表，兩者表現的手法是一致的。

集諦與滅諦的探討，由於主要是針對於苦生起之原因與其原因之滅而立論，爲此，我們也必須注意到：苦之生起既然是眾多原因聚合而集成的，一旦導致苦生起之原因消滅了，原先之苦也就沒有繼續存在的理由。若從這樣的觀點看待緣起系列的順觀與逆觀過程，則順觀「從無明之緣而有行，從行之緣而有識，從識之緣而有名色」等緣起系列裡，「緣」亦不該是單一的「緣」，因爲單一的緣是不可能生起緣已生法。若從單一的「緣」生起「緣已生法」，則這是「自因生」而非因緣生，並不符佛教的教理。換言之，僅有「無明」之「緣」是無法生起「行」之「緣已生法」，若要使「行」之「緣已生法」生起，應該還需要異於「無明」之「緣」以外的其它原因共同參與，才可能使「行」之「緣已生法」生起。

若是如此，「從無明之緣而有行」句裡所提到的無明之緣，只能被視爲生起行之緣已生法過程裡面，作爲最具有影響力的緣之代表。既然是代表，則這必然是重點與抽樣的舉要，而不是全體的一一細列。甚至藉此也可推知：初期佛典裡所提到的緣起系列，不論是十二支緣起或十支緣起，這些經過歸劃而現存於我們閱讀經文裡的緣起支數目與項目，皆未完整且詳實描述出緣起過程裡的細目，而是以代表的方式分段舉出其中最具強勢的緣起支。換言之，這只能作爲我們研究緣起思想的參考，卻未必是緣起現象的唯一答案，若過度牽就經文所列的緣起支舉要項目勢必會落入過度化約主義的陷坎。同理可知，逆觀的緣起系列裡，「無明滅則行滅，行滅則識滅，識滅則名色滅……」，這亦是舉出分段裡面最具強勢的緣之滅爲代表，與前所說雷同。

5.3.6 道諦與緣起之交涉

於《相應部》〈如來所說經〉（*Tathāgatena vutta*）等經裡〔註 50〕，道諦是以「八正道」表示，而八正道於漢譯的初期佛典裡或譯爲「八直道」、「八聖

〔註 50〕 *Saṃyutta-Nikāya* vol. V, p. 421。漢譯請參見《相應部六》，《漢譯南傳大藏經》第十八冊，頁三一二。另外，也見於《相應部》「相應部」〈蘊經〉與〈處經〉，*Saṃyutta-Nikāya* vol. V, pp. 425~426。漢譯請參見《相應部六》，《漢譯南傳大藏經》第十八冊，頁三一七～三一八。

道」、「八支聖道」或「聖賢八品道」，但其內容爲正見、正思惟、正語、正業、正命、正精進、正念、正定。不論是巴利佛典或是漢譯初期佛典，道諦皆一致以八正道爲內容，可見此說於南北所傳的初期佛典的見解相當一致。

以八正道爲探討內容的經群爲數亦不少，不過於南北傳阿含經裡，皆未被編入「因緣誦」內。漢譯《雜阿含》方面，則是將關於八正道經群的「聖道分相應」納於「覺支相應」與「安那般那念相應」之間，可見這是著重其修道實踐的考量；而巴利《相應部》方面，亦將「道相應」經群與「覺支相應」和「念處相應」同列於《大品》內，可見這亦是重視其修道實踐的一面。從初期佛典對於「道相應」的編排位置異於「緣起相應」的作法看來，我們於中可窺見初期佛典編輯者們的看法，的確是特重於從修道實踐的角度理解「道相應」，不過這也僅是呈現初期佛典編輯者們對於「道相應」的「意見」，既然只是「意見」，則這可說是編輯者有其詮釋的考量與安排，並不見得「道相應」裡所談的八正道是孤離於緣起思想之外。

論及八正道與緣起之交涉，若以《雜阿含》七四九經爲例：〔註 51〕

> 爾時！世尊告諸比丘：若無明爲前相，故生諸惡不善法。時，隨生無慚、無愧。無慚、無愧生已隨生邪見。邪見生已，能起邪志、邪語、邪業、邪命、邪方便、邪念、邪定。
>
> 若起明爲前相，生諸善法。時，慚愧隨生。慚愧生已，能生正見。正見生已，起正志、正語、正業、正命、正方便、正念、正定。次第而起。正定起已，聖弟子得正解脱貪欲、瞋恚、愚癡。如是聖弟子得正解脱已，得正知見。我生已盡，梵行已立，所作已作，自知不受後有。

於這段關於「八正道」的經文裡，道諦與緣起之間的交涉，可從兩方面探討：其一是從內部看，亦即八正道裡八支的關係；其二是從外部看，亦即八正道與緣起系列裡無明支之間的關係。但是若整體而言，這兩部分所談的內容其實是沒有差別，因此以下還是同時考察。

首先，關於八正道裡八支的關係。《雜阿含》七四九經提到「邪見生已，能起邪志」以至於生起邪定，亦提到「正見生已，能起正志（正思惟）」以至於生起正定，並且指出這裡八支生起的順序是「次第而起」，強調後項依於前

〔註 51〕《雜阿含》七四九經，《大正藏》卷二，頁一九八中。

項而生起。對於這點，此經的巴利對照經，即《相應部》「道相應」的〈無明經〉（*Avijjā*）〔註 52〕則表達地更爲清楚，其中與《雜阿含》七四九經對照的相同部份提到：

> 諸比丘！無明爲前，因生不善法，而隨生無慚無愧。諸比丘！隨無明於無智者生邪見。有邪見則生邪思惟，有邪思惟則生邪語，有邪語則生邪業，有邪業則生邪命，有邪命則生邪精進，有邪精進則生邪念，有邪念則生邪定。
>
> 諸比丘！以明爲前，因生善法，隨生慚愧。諸比丘！隨明於有智者則生正見，有正見則生正思惟，有正思惟則生正語，有正語則生正業，有正業則生正命，有正命則生正精進，有正精進則生正念，有正念則生正定。

若依據前引兩部經文著眼，八正道之所以無法生起的原因（或八邪道之所以生起的原因），可推溯到以無明作爲其原因。若是如此，由無明而「諸惡不善法」、「無慚、無愧」以至於「邪見」而次第生起的「八邪道」，甚至是由「明」而「諸善法」、「有慚、有愧」以至於「正見」而次第生起的「八正道」，這兩種漸次生起的模式亦可視爲是緣起系列的型態之一。換言之，它們亦符合於「此有故彼有，此無故彼無，此生故彼生，此滅故彼滅」的緣起法則，並且任一前項爲後項之「緣」，而任一後項爲前項之「緣已生法」。並且，將「緣起法則」的定型句與《相應部》「諦相應」的〈無明經〉的巴利經文句型模式加以比對，亦可以清楚地得出八正道裡面八支前後彼此的關係亦是緣與緣已生法之關係的結論。

若是如此，這部分的意義在於：一般以十二支緣起說作爲緣起系列之典範（paradigm）的刻板印象（stereo type）需要略爲擴大解釋。換言之，緣起系列所談的內容並不限於以十二支緣起說，它勢必擴大到「別系統的緣起」系列。但是，「別系統的緣起」於初期佛典所佔的比重並不大，爲此也較少爲歷來學者重視。

道諦所示的「八正道」可說是這類「別系統的緣起」代表之一，它主要論及修道實踐的八種重要項目與步驟。除了八正道之外，也有部分的「別系統的緣起」涉及八正道的部份內容，並且與十二緣起相結合。例如《中阿含》

〔註 52〕*Saṃyutta-Nikāya* vol. V, p. 1~2。漢譯請參見《相應部五》，《漢譯南傳大藏經》第十七冊，頁一一五～一一六。

〈涅槃經〉的經文：〔註53〕

> 爾時！世尊告諸比丘：涅槃有習，非無習。何謂涅槃習？答曰：解脫爲習。解脫亦有習，非無習。何謂解脫習？答曰：無欲爲習。無欲亦有習，非無習。何謂無欲習？答曰：厭爲習厭亦有習，非無習。何謂厭習？答曰？見如實、知如眞爲習。見如實、知如眞亦有習，非無習。何謂見如實、知如眞習？答曰：定爲習。定亦有習，非無習。何謂定習？答曰：樂爲習。樂亦有習，非無習。何謂樂習？答曰：止爲習。止亦有習，非無習。何謂止習？答曰：喜爲習。喜亦有習，非無習。何謂喜習？答曰：歡悅爲習。歡悅亦有習，非無習。何謂歡悅習？答曰：不悔爲習。不悔亦有習，非無習。何謂不悔習？答曰：護戒爲習。護戒亦有習，非無習。何謂護戒習？答曰：護諸根爲習。
>
> 護諸根亦有習，非無習。何謂護諸根習？答曰：正念、正智爲習。正念、正智亦有習，非無習。何謂正念、正智習？答曰：正思惟爲習。正思惟亦有習，非無習。何謂正思惟習？答曰：信爲習。信亦有習，非無習。何謂信習？答曰：苦爲習。苦亦有習，非無習。何謂苦習？答曰：老死爲習。老死亦有習，非無習。何謂老死習？答曰：生爲習。生亦有習，非無習。何謂生習？答曰：有爲習。有亦有習，非無習。何謂有習？答曰：受爲習。受亦有習，非無習。何謂受習？答曰：愛爲習。愛亦有習，非無習。何謂愛習？答曰：覺爲習。覺亦有習，非無習。何謂覺習？答曰：更樂爲習。更樂亦有習，非無習。何謂更樂習？答曰：六處爲習。六處亦有習，非〔無習。何謂〕六處習？答曰：名色爲習。名色亦有習，非無習。何謂名色習？答曰：識爲習。識亦有習，非無習。何謂識習？答曰：行爲習。行亦有習，非無習。何謂行習？答曰：無明爲習。
>
> （〔　〕號部分爲《大正藏》之缺字，今補齊）

《中阿含》五四經〈涅槃經〉將這裡的緣起系列鋪排爲「涅槃→解脫→無欲→厭→見如實、知如眞→定→樂→止→喜→歡悅→不悔→護戒→護諸根→正念、正智→正思惟→信→苦→老死→生→有→受→愛→更樂→六處→名色→識→行→無明」。

〔註53〕《中阿含經》卷一〇，〈涅槃經〉，《大正藏》卷一，頁四九〇下～四九一上。

至於，位於其前的《中阿含》五五經〈盡智經〉則鋪排為「盡智→解脫→無欲→厭→見如實、知如眞→定→樂→止→喜→歡悅→不悔→護戒→護諸根→正念、正智→正思惟→信→觀法忍→翫誦法→受持法→觀法義→耳界→聞善法→往詣（善知識）→奉事（善知識）」〔註54〕。但是《中阿含》五四經〈涅槃經〉於隨後的經文裡，則將十二緣起與八正道的部份項目結合為如下：

> 是為緣無明行，緣行識，緣識名色，緣名色六處，緣六處更樂，緣更樂覺，緣覺愛，緣愛受，緣受有，緣有生，緣生老死，緣老死苦。習苦，便有信。習信，便有正思惟。習正思惟，便有正念正智。習正念正智，便有護諸根、護戒、不悔、歡悅、喜、止、樂、定、見如實、知如眞、厭、無欲、解脫。習解脫，便得涅槃。〔註55〕

對於這段經文的解讀裡，此中要特別注意到「苦」的地位。初期佛典所載的十二支緣起系列，視十二支緣起次第生起乃是為「全苦蘊之集」，而次第之滅乃是「全苦蘊之滅」；而四諦的苦諦、苦集諦、苦集滅諦與苦集滅道諦，這四諦亦皆從「苦」的基礎概念出發；至於道諦裡「八正道」所提的「正見」，亦是以見「苦」為其核心關懷〔註56〕。楊郁文教授於《阿含要略》裡，認為這段經文說明（未正見或正見於）苦是「起惑心、造業流轉」與「起出離心、修明、解脫」的分水嶺〔註57〕。楊郁文教授的這個觀點可謂是直戳標的，簡潔了當地就將初期佛教的核心思想切剖開來，應該為我們所重視。因為不論緣起的教理或四諦的要義，全都無法劃分於「苦」的命題。雖然我們的觀點認為，緣起教理較於四諦法門具有優先性的地位，但是若論及初期佛教思想的根源性，緣起與四諦等思想之提出，無非是作為「苦」思想之問題的註腳與解釋。

就此看來，緣起與四諦，或緣起與四諦裡道諦的八正道，彼此之間的關係並不是截然疏離而無關涉的。初期佛教以十二支緣起的系列，從身心的微觀的角度說明「苦」之集起與轉滅；四諦則是從綱要列舉的角度，對於上述微觀之甚深難解的緣起教理，從教學考量將之系統化與補充解釋。然而，這

〔註54〕《中阿含》卷一〇，〈盡智經〉，《大正藏》卷一，頁四九〇上下。
〔註55〕《中阿含經》卷一〇，〈涅槃經〉，《大正藏》卷一，頁四九一上。
〔註56〕《雜阿含》七八九經，《大正藏》卷二，頁二〇四下。
〔註57〕楊郁文，《阿含要略》（台北：東初出版社，一九九四年三月初版），頁三七九。

並不是說，緣起與四諦於初期佛教的教法裡，被固定爲不變的表達模式而無法變通。相對於地就現存初期佛典的內容看，它們之間反而亦存在著相當的靈活性，配合多樣的教法內容，而提供爲教學運用。

5.4 緣起之諦

5.4.1 諦的四重性

由於漢譯《雜阿含》的編輯者，視「緣起相應」與「諦相應」爲同質性高的文集，因此才將兩者納入「雜因誦」內；此外，《雜阿含》二九六經與四七一經裡，皆以「審諦」一詞作爲緣起與四諦的形容詞彙，對此亦應注意到這個「諦」字的意義。就此而言，「諦相應」所談的「諦」與「緣起」思想之間的關係爲何，以及「諦」本身所代表的意義爲何，這便値得我們注意。

一般而言，「諦」的梵語 satya，巴利語 sacca，它代表著審實不虛之義，指眞實無誤、永遠不變之事實。而四諦又被稱爲四聖諦，這裡的「聖諦」即是前引《雜阿含》四一七經所提到的「聖所諦」，而這裡的「聖」字於《相應部》〈世間經〉（*Loko*）裡被解釋爲「如來」〔註 58〕，換言之，「聖者（如來）所（言）說之諦」即是「聖（所）諦」〔註 59〕。不過《阿含經》並未對於「諦」義詳細解釋，所以諦義的實質義涵究竟的指涉是什麼，這並不容易於字面上看出。

「聖所諦」即是如來所（言）說之諦，若是如此，「言說」與「諦」之間所隱含的關係便饒有義趣。部份學者的研究指出，從吠陀時期以來，印度思想家已將「言說」（speech）視成一種可以特徵爲「諦」（satya）——「關連到存有（者）」（related to being）的事物。並且指出那個時期的部份印度思想家認爲，「『眞正的言說』被視爲是一種能經由某類『符應性』（correspondence）來揭示所是（disclose what is）的『言說』」〔註 60〕。若這樣的觀點能成立，則

〔註 58〕《相應部》「諦相應」〈世間經〉：「諸比丘！有四聖諦。以何爲四聖諦耶？乃：苦聖諦、苦集聖諦、順苦滅道聖諦是。諸比丘！於天、魔、梵世、沙門、婆羅門、人、天、眾生中，如來爲聖。是故名之爲聖諦」。*Saṃyutta-Nikāya*. vol. V, p. 435。漢譯經文請參考《相應部六》，《漢譯南傳大藏經》第一八冊，頁三三三。

〔註 59〕《增壹阿含經》卷一七（《大正藏》卷二，頁六三一中）：「有此四諦，實有不虛，世尊之所說，故名爲諦。」

〔註 60〕曹志誠，《清辨二諦思想之研究》（台北：文化大學哲學研究所博士論文，一

「言說之諦」或「眞正的言說」便具備著「關連」與「符應」的功能；前者是「關連到存有（者）」的關連者，而後者可視爲是主詞與謂詞之間具有「符應性」功能的中介者。但是以這樣的觀點來看待「諦」的意義，往往是偏向於知識論的角度立論，其用意在於以「言說」（之諦）來證成「眞理」的地位，因而強調「存在與事物的一致性」。爲此，其影響所及之處，「諦」字一般也就被譯成「眞理」(truth)，而四諦也就被譯爲「四種眞理」〔註 61〕。然而將「諦」義解釋爲知識論意涵的「眞理」，並且將「四諦」解釋爲「四種眞理」，這種作法果眞完全表達初期佛教所說「諦」的義涵嗎，對於這樣的觀點是頗值得我們適度反省，並且提出另外的思考進路。

首先，暫且將「諦」譯爲「眞理」一詞是否適切的問題擱置於下文再討論，而是先看到若將「四諦」理解爲「四種眞理」，則我們認爲這樣的作法也是有瑕疵的，雖然這般的名相可謂近於「四諦」的字面描述，但是這也很容易令人將四諦誤解爲四種分割的眞理，彼此獨立自存而不交涉。就《阿含經》的觀點而言，四諦是彼此層層交涉而成立的，這點我們可從四諦的原文看出來。依據《相應部》「諦相應」的〈善男子經〉(*Kulaputta*)，四諦的完整名稱表達如下：

> 苦聖諦、苦集聖諦、苦滅聖諦、順苦滅道聖諦。
>
> （dukkhassa ariyasaccassa, dukkhasamudayassa ariyasaccassa, dukkhanirodhassa ariyasaccassa, dukkhanirodhagāminiyā paṭipadāya ariyasaccassa.）〔註 62〕

雖然四諦在漢譯的初期佛典裡有種種的譯名〔註 63〕，但基本上還是依照上述

九九六年六月），頁五六。

〔註 61〕例如三枝充悳將四諦解釋爲「四種の眞理」，或 Alfonso Verdu 譯爲 "Four Noble Truths"。三枝充悳，《初期佛教の思想》（東京：東洋哲學研究所，一九七八年），頁四一一；Alfonso Verdu, *Early Buddhist Philosophy: in the Light of the Four Noble Truths*, Delhi, Motilal Banarsidass, 1985. p. 1.

〔註 62〕*Saṃyutta-Nikāya*. vol. V, p. 416。漢譯經文請參考《相應部六》，《漢譯南傳大藏經》第一八冊，頁三〇三～三〇四。

〔註 63〕例如《佛說放牛經》（《大正藏》卷二，頁五四七上）譯爲：「苦諦、苦習諦、苦盡諦、苦盡道諦」；或《長阿含》卷一九〈世紀經〉（《大正藏》卷一，頁一二九上）譯爲：「苦諦、習諦、盡諦、道諦」或「苦聖諦、苦習聖諦、苦滅聖諦、苦出要諦」；或《長阿含十報法經》（《大正藏》卷一，頁二三四中）：「苦諦、習諦、盡諦、受滅苦諦」；或《佛說四諦經》（《大正藏》卷一，頁八一六下）則將上述的「聖」字譯爲「賢者道德」，「聖諦」則譯爲「道德諦」。

的名稱，分別以「苦聖諦、苦集聖諦、苦滅聖諦、苦滅道跡聖諦」說明四諦〔註 64〕。從上引經文，我們可以看到四諦是以苦諦爲基礎而展開的論述，無論何諦皆是以苦諦爲其核心，順著苦諦的關懷而展開其它各諦的內容。此外，《雜阿含》三八九經裡，亦以醫療的四個階段擬喻四諦的次第性，如經文提到：

> 爾時，世尊告諸比丘：有四法成就，名曰大醫王者，所應王之具、王之分。何等爲四：一者善知病，二者善知病源，三者善知病對治，四者善知治病已，當來更不動發。……
>
> 如來、應、等正覺爲大醫王，成就四德，療眾生病，亦復如是。云何爲四：謂如來知此是苦聖諦如實知，此是苦集聖諦如實知，此是苦滅聖諦如實知，此是苦滅道跡聖諦如實知。〔註 65〕

若將前引的醫療四階段之擬喻與四諦的巴利文、相對應的漢譯和現代白話語譯以及作一圖示對比。它們可以分別如下表示：

漢譯	巴　利　文	巴利直譯	現代白話語譯	擬　喻
苦	dukkha	苦	苦（煩惱）	病
集	dukkhasamudaya	苦之集	苦（煩惱）生起的原因	病　因
滅	dukkhanirodha	苦之滅	苦（煩惱）的止息	病　癒
道	dukkhanirodhagāminī paṭipadā	苦滅之道	讓苦（煩惱）止息的方法	治病之法

從上表可知，從苦諦的關懷進而各諦的推演過程，猶如從病（苦）推求其病源病因（集），進而投藥對治（道）以達到病癒（滅）的療程次第。由於整個醫療過程所談的並不是分屬四種獨立而截然不同的事件，而是指涉同一事件的四個階段或步驟；同理可得，四諦所談的並不是四種獨立而截然不同的諦，而是指「諦」所具有的四重性，此四重性皆是涵蘊於「諦」裡。爲此，《雜阿含》四三六經則以登階梯之譬喻說明四諦的四重性：

> 如有四登階道，昇於殿堂，若有說言不登初階，而登第二、第三、第四階昇堂殿者，無有是處。所以者何，要由初階，然後次登第二、第三、第四階得昇殿堂。如是，比丘！於苦聖諦未無間等，而欲於

〔註 64〕例如《雜阿含》三七九經以後的「諦相應」經文，都是譯爲「苦聖諦、苦集聖諦、苦滅聖諦、苦滅道跡聖諦」。《大正藏》卷二，一〇四以下。

〔註 65〕《雜阿含》三八九經，《大正藏》卷二，頁一〇五上中。

苦集聖諦、苦滅聖諦、苦滅道跡聖諦無間等者，無有是處。〔註66〕

四諦各諦之間的彼此開展，猶如階梯（或重閣）之喻，必然有其次第性，不論初階、二階、三階或四階，凡是論及任何一階必然關連到其它階；並且，後階以前階爲基礎並涵蘊前階的意義，前階爲後階的根據並促成後階的實現。換言之，雖然現象上分爲四階，但實質上卻是階梯的四階段性（四重性）表現，任何一階段皆無法從其它階段的存在分離開來。

5.4.2 諦爲「要義」義

如上所述，「諦」的四重性，分別以「苦聖諦、苦集聖諦、苦滅聖諦、苦滅道跡聖諦」四階段展現開來。就此而言，若將「四諦」稱爲「四種眞理」，並且以「種」（species）的類差來規範與界定這四者之間的差異，這或許有助於常識性的解釋，但是若用於說明四諦彼此之間實質交涉的內涵時，的確是會帶來理解上的困擾。換言之，解釋「諦」義時，該如何不離初期佛典之經義，又能符合現代語意的理解，這便是一個問題。在此，我們想扣緊初期佛典的經據脈絡，提出另一種看法。

《雜阿含》四一七經裡〔註67〕，分別列舉四聖諦時，提到「審諦」一詞；至於《雜阿含》二九六經說明緣起時〔註68〕，並且分別列舉出「無明、行、識、名色、六入處、觸、受、愛、取、有、生、老、病、死、憂、悲、惱苦」等的緣已生法，亦提到「審諦」一詞。但是「審諦」一詞並不限於上述兩者使用，除上述兩者之外，於《雜阿含》裡亦可於多處見到「審諦」的字詞。例如《雜阿含》九三六經列舉「信・精進・念・定・慧」五項增上法要時，亦提到「審諦」一詞時〔註69〕。換言之，若由上述經例初步看來，初期佛教所說之「諦」，似乎有著舉要陳列的用意。

這點亦可由初期佛典裡，對於四諦之內容的描述看得出來。若以「苦諦」

〔註66〕《雜阿含》四三六經，《大正藏》卷二，頁一一三上。類似的比喻亦見於《相應部》〈重閣堂經〉（Kutagara），參見 *Saṃyutta-Nikāya*. vol. V, pp. 452~453。漢譯經文請參考《相應部六》，《漢譯南傳大藏經》第一八冊，頁三五四～三五五。

〔註67〕《雜阿含》四一七經，《大正藏》卷二，頁一一〇下。

〔註68〕《雜阿含》二九六經，《大正藏》卷二，頁八四中。

〔註69〕《雜阿含》九三六經（《大正藏》卷二，頁二四〇中）：「摩訶男！聖弟子信於佛言說清淨，信法信僧言說清淨，於五法增上智慧，審諦堪忍：謂信、精進、念、定、慧，是名聖弟子不墮惡趣，乃至隨法行。」

的內容爲例，《相應部》「諦相應」〈如來所說經〉〈*Tathāgatena vutta*〉：〔註 70〕

諸比丘！苦聖諦者，即是此，謂：生苦、老苦、病苦、死苦、愁悲憂惱苦、遇怨憎會苦、與所愛者別離苦、所求不得苦，略說爲五取蘊苦。

《相應部》「諦相應」〈蘊經〉（*Khandha*）：〔註 71〕

諸比丘！云何爲苦聖諦耶？謂五取蘊是，謂：色取蘊、受取蘊、想取蘊、行取蘊、識取蘊是。諸比丘！此名爲苦聖諦。

《相應部》「諦相應」〈處經〉（*āyatana*）：〔註 72〕

諸比丘！云何爲苦聖諦耶？謂：六入處是。以何爲六入處耶？眼處、耳處、鼻處、舌處、身處、意處是。諸比丘！此名爲苦聖諦。

同樣是對於「苦聖諦」的描述，但是卻運用不同的重要義理來加以說明。換言之，「苦聖諦」之「聖」即是如來，而「如來所說苦之要義」即是苦聖諦；至於其內容可細分爲八苦、五取蘊或六入處。因此，以「諦」舉要說明之，這有助於教學與學習。但是，有情之苦當然不限於此，這當然都是擇要而說，並非一以概全。至於其它三諦的內容亦是如此，若以集諦而論，或以渴愛作爲說明集諦的要義，或是再加上無明作爲補充說明，這亦是表示「諦」有著舉要陳列的用意。

若是如此，則《雜阿含》之編輯者之所以將「諦相應」納入「雜因誦」內，這原因或許在於：從編輯者的觀點看來，「諦相應」四諦教法之成立，乃是爲了「以簡御繁」地解釋緣起。之所以如此，這乃是甚深難解的緣起思想的確不易理解，因此需要被「諦化」（要義化）爲清晰明白而爲人能夠普遍理解。換言之，四諦可視爲緣起之「要義」，透過四諦「以簡御繁」的要義化解釋，緣起的深義便獲得系統性與綱要性的闡明。

5.5 小結

從佛陀說法的時間順序立論，四諦教法之提出，可被視爲是緣起思想之

〔註 70〕 *Saṃyutta-Nikāya*. vol. V, p. 421。漢譯經文請參考《相應部六》，《漢譯南傳大藏經》第一八冊，頁三一二。

〔註 71〕 *Saṃyutta-Nikāya*. vol. V, p. 425.漢譯經文請參考《相應部六》，《漢譯南傳大藏經》第一八冊，頁三一七。

〔註 72〕 *Saṃyutta-Nikāya*. vol. V, p. 426。漢譯經文請參考《相應部六》，《漢譯南傳大藏經》第一八冊，頁三一八。

系統化或補充解釋的結果。並且，透過本文以上論述與經據的對比，我們可以得知：不論是四諦本身，或是四諦的「苦、集、滅、道」各諦，皆可明顯地看到四諦與緣起思想彼此緊密交涉。換言之，「四諦」之提出，乃是源自於對於緣起思想的系統化或補充解釋的結果；緣起思想被「諦」化的結果，而有四諦教法的成立。就此而言，「諦」可被解釋爲「要義」義，亦即四諦乃是「緣起之諦」，而四諦本身即是緣起思想之一般性意義。

當然，上述將「諦」理解爲「要義」的解釋，並不意味著我們否定傳統以來將「諦」（satya）解釋爲「眞理」的立場〔註 73〕。而是說，若從「編輯者（對於佛典）之詮釋性」的觀點立論，四諦教法的成立，乃是作爲緣起思想的輔助說明；而緣起思想被「諦化」的結果，便形成「諦相應」經群的存在。如此一來，根據「物以類聚」、「鳩集成廁」的編輯原則考量，《雜阿含》的編輯者才將「諦相應」納入「雜因誦」內，置於「緣起相應」之鄰。

〔註 73〕一般梵語學者對於「諦」（satya）的解釋，大致可視爲是從「眞理」的觀點立論。例如 Monier 將 Satya 解釋爲 "true, real actual, genuine, sincere, honest, truthful, faithful, pure, virtuous, good, successful, effectual, valid."，而荻原雲來將「諦」解釋爲「實際、現實、純正、眞實」等，兩者都脫離不了此範疇。請參見荻原雲來編纂，《漢譯對照梵和大辭典》（東京：講談社，一九八七年三月第三刷），頁一三九三；與 Sir M. Monier-Williams, *Sanskrit-English Dictionary*, Clarendon Press, 1988, p. 1135.

6 緣起之食

摘要

本文目的在於探討「食」與緣起概念之交涉，並藉上述探討的成果重新詮釋緣起概念之「食」義。

於（一）「前言」裡，指出本文的主要論題有三：其一，初期佛教所謂的「食」義與通俗意義的「食」有何不同；其二，食與緣起兩者義理如何交涉；其三，如何以緣起概念的角度來理解與詮釋初期佛典編輯者眼中的「食」義。而上述三個論題即是本文的三個主要內容，此外，亦就學界的相關研究成果作一介紹。

於（二）「初期佛教之『食』義」裡，指出初期佛教的「食」義，乃是「以六根就食」之解釋，此有別於「以嘴就食」的通俗「食」義。

於（三）「緣起與食之交涉」裡，嘗試透過不同種類的緣起系利之對比，並藉此提出「食」支不被列入十二支緣起的問題。

於（四）「緣起之食」裡，回答上節的問題，並透過經據論證，因爲「食」義具有「緣」的普遍性意義，因而無法被歸納爲殊異性的「食」支。並且依此結論：動態過程之「食」義，就廣義與譬喻的層面而言，被視爲是緣起概念的一般性意義。

於（五）「結論」裡，爲本文作簡短結論。

6.1 前言

6.1.1 問題之提出

以「食」爲主題的經群又稱爲「食相應」。在《雜阿含》「雜因誦」裡，這部分的經文從《雜阿含》三七一經到三七八經爲止，共有八經〔註1〕。至於，巴利《相應部》並沒有「食相應」，而是以「因緣相應」內的「食品」（āhārā-Vagga）稱之，全部共有十經〔註2〕。但是其中只有〈食經〉（āhārā）與〈破群那經〉（Phagguno）兩經是針對「食」而立論，其餘八經皆與「食」的主題無直接關涉。反而是於《相應部》「因緣相應」內的其它品裡，可以找到與「食」相關的經文。例如，「因緣相應」第四「伽拉羅剎利品」（Kaḷarakhattiyo-Vagga）的〈生者經〉（Bhūtam）〔註3〕；「因緣相應」、「大品」（Mahā-Vagga）的〈子肉經〉（Puttamaṃsa）與〈有貪經〉（Atthi rāgo）。〔註4〕

或許是因爲南傳巴利《相應部》對於這些「食」經的編排方式顯得凌亂，並且《根本說一切有部毘奈耶雜事》裡，論及經典編輯的內容與原則時，皆未提到「食」〔註5〕。因此，部分學者認爲，「食」的章節乃是晚近才被初期佛典的編輯者成立〔註6〕。但是就本文的設想而言，即使初期佛典目錄裡，「食」的章節是晚近才成立的，無論如何，這剛好突顯「食」經等於初期佛典編輯者眼中的重要性，才會被添加成立新目錄；此外，從初期佛典的編輯者嘗試將「食」經等匯集爲「食相應」或「食品」，並將之納入「雜因誦」或「因緣

〔註1〕《大正藏》卷二，頁一○一下～一○三下。

〔註2〕 Saṃyutta-Nikāya vol. II. pp. 11~.27。漢譯引自《相應部二》,《漢譯南傳大藏經》第十四冊，頁一三～三一。

〔註3〕 Saṃyutta-Nikāya vol. II. pp. 47~50。漢譯引自《相應部二》,《漢譯南傳大藏經》第十四冊，頁五四～五八。

〔註4〕 Saṃyutta-Nikāya vol. II. pp. 97~104。漢譯引自《相應部二》,《漢譯南傳大藏經》第十四冊，頁一一六～一二三。

〔註5〕《根本說一切有部毘奈耶雜事》：「此阿難陀今皆演說，諸阿羅漢同爲結集。但是五蘊相應者，即以蘊品而爲建立。若與六處十八界相應者，即以處界品而爲建立。若與緣起聖諦相應者，即名緣起而爲建立。若聲聞所說者，於聲聞品處而爲建立。若是佛所說者，於佛品處而爲建立。若與念處正勤神足根力覺道分相應者，於聖道品處而爲建立。若經與伽他相應者，此即名爲相應阿笈摩（舊云雜者取義也）」。由此可知，上引經文並未提到「食」。參見《根本說一切有部毘奈耶雜事》卷三九，《大正藏》卷二四，頁四○七中。

〔註6〕 釋印順，《原始佛教聖典之集成》（台北：正聞出版社，一九九四年），頁六八九。

相應」裡，由此可見「食」概念與緣起概念之間應該是緊密相繫。

但是上述設想若能夠成立，則它勢必得事先釐清三個的問題。其一，初期佛教所謂的「食」義與通俗意義的「食」有何不同。其二，若食概念與緣起概念彼此緊密相涉，則兩者義理是如何交涉。其三，《雜阿含》的編輯者將「食相應」納入「因緣誦」裡，視之作爲緣起（因緣）概念的廣義解釋，若是如此，如何以緣起概念的角度來理解與詮釋初期佛典編輯者眼中的「食」義。而上述三個問題的提出，即是本文的三個主要內容。

6.1.2 相關研究成果之檢視

至於，歷來關於初期佛教食思想的研究。先以日本佛教學界爲例，若僅就「食」概念之論題而言，歷來學者間談得上深入專題追究的作品並不多見，因而堪稱爲代表性的專書與專論，亦相當有限。換言之，就初期佛教思想研究的整體而言，這方面的研究比重算是相當低。僅管如此，我們還是可以從相關學者的著作裡，列舉幾處較爲重要的章節，作爲學界於「食」思想研究的成果代表。這些研究成果例如，宮板宥勝的《佛教の起源》的第三章第二節「佛教と種族的思惟」裡，曾論及緣起說與《奧義書》的食物哲學的關係，並針對佛教的緣起說與「食」（四食）作詳盡的說明。〔註7〕

再者，中村元的《原始佛教の思想》下卷，則以「認識作用と食料」一小節，將四食之「識食」解釋爲「認識作用的食物」〔註8〕。至於，山本啓量《原始佛教の哲學》一書，於「四食の認識論的考察」小節裡，則是從哲學的角度考察四食的認識論〔註9〕。然而上述兩者的作品標題雖有小異，但是彼此卻有共同處，亦即是將緣起系列裡之「識」支與「識食」兩者作爲主要的研究對象。像這樣的論述其實也是一般學界對於「四食」論題的討論重點，因爲同樣的論述亦可見於平川彰《法と緣起》一書的「緣起と認識、八支緣

〔註7〕宮板宥勝，《佛教の起源》（東京：山喜房佛書林，一九七一年），頁一四四以下；此外，亦可參見宮板宥勝，〈原始佛教の食と古ウパニシャッドの食物哲學〉，《高野山大學論叢》卷一（日本：高野山大學，一九五八年四月），頁一～三五。

〔註8〕中村元，《原始佛教の思想》下卷（東京：春秋社，一九七一年），頁一二五～一二七；或參見中村元，《原始佛教の思想》II，中村元選集決定版第十六卷（東京：春秋社，一九九四年七月），頁四八二～四八四。

〔註9〕山本啓量，《原始佛教の哲學》（東京：山喜房佛書林，一九七三年三月），頁一七六～一八二。

起」小節裡〔註 10〕。由此，大致可略窺日本學界對於「食」論題關懷的重心所在。

除此之外，偶爾亦見到日籍學者以初期佛教之「食」爲題立論，但重點多半放在「食物觀」或「厭食觀」〔註 11〕，卻不是針對「食」思想本身深究。不過，僅管上述學者的研究成果，對於初期佛教的「食」論題，於認識論或特定面向，提供較爲深入的理解，但是若要藉之詳細解釋何以《雜阿含》與《相應部》的編輯者將「食相應」與「食品」納入「因緣誦」或與「因緣相應」的動機，或藉之理解初期佛教之「食」思想的一般性意義，則就論證的層面與題材的選擇而言，上述學者的研究成果卻尚嫌不足。由此看來，對於初期佛教「食」思想的探討，或是所謂「食相應」之「食」義於緣起思想裡的義涵，則還是存在著許多論述空間值得補充，爲此更值得吾人多加注意。

另外，部分學者雖然未以專題或專章討論初期佛教的「食」思想，但是於其著作裡透露幾許洞見的部分，亦值得加以注意。例如，木村泰賢於《原始佛教思想論》裡，以四食從「渴愛」（taṇhā）而生起的關係，解釋「有情成立的動力因」〔註 12〕。而國內學者方面，印順法師於《佛法概論》裡指出，「食」義「與因緣的含義相近」〔註 13〕。上述這兩位學者的觀點，亦是本文藉以理解初期佛教「食」思想的著眼點，與嘗試以「緣起」與「食」互爲解釋的思考進路之一。以下，則進入正文。

6.2 初期佛教之「食」義

6.2.1 一切衆生由食而存

初期佛教之「食」（āhāra）義，具有滋養、持續義，亦即凡是能夠滋養、養育吾人身心而使「六根增長」的資糧，皆可稱爲「食」，這亦是一般所謂的

〔註 10〕參見平川彰，《法と緣起》（東京：春秋社，一九九二年五月第三刷），頁四〇七～四一二。

〔註 11〕竹內良英，〈原始・部派佛教の食物觀——食厭想について——〉，《印度學佛教學》第四二期第二號，頁九一七。

〔註 12〕木村泰賢，《原始佛教思想論》，木村泰賢全集第三卷（東京：大法輪閣，一九九三年七月），頁一二五～一二六。

〔註 13〕釋印順，《佛法概論》（台北：正聞出版社，一九九二年一月修訂二版），頁七〇。

「食物」或「飲食」。根據佛陀傳記的記載，悉達多太子於未證悟前的六年苦行裡，有一部分的苦行是與飲食或食物相關。在這些相關的記載裡，他曾經嘗試種種不同的飲食方法或食物內容，作為其精進用功的要領。其中包括斷食與節食，或嘗試日食一麻一米，或嘗試日食一果等〔註 14〕。然而一再地嘗試之後，他反而認為苦行無益於解脫，亦無法從中獲得證悟，於是歷經六年苦行後，決定捨棄無益的苦行，進而對於飲食採取較為中實而肯定的態度。當悉達多太子接受與食用牧牛女提供的乳糜後，逐漸調養身體的健康與恢復體力，最後獨自來到菩提伽耶的菩提樹下，證悟無上的佛法。〔註 15〕

從佛傳內容看來，攝取適當食物的確是有助於涅槃獲得，這可見食物對於解脫的重要性。然而從佛傳的記載亦可看到，憍陳如等五位苦行者不滿且譏嫌悉達多太子受食乳糜一事，認為這不符合苦行解脫的方法。可以想像當時大約經過一番質詢和辯論，悉達多未能把五個人說服，五位苦行者就集體離開悉達多，到別處修苦行。因此當佛陀完成正覺而與昔日苦行的同修於鹿野苑重逢時，苦行者之間最初並未竭誠歡迎佛陀的到來，反而視之為棄（苦行）道之士。之所以如此，其原因可歸溯為苦行者不認同悉達多對於飲食的態度，亦不認同悉達多所飲食內容。為此，當苦行者與佛陀重逢時，昔日五位苦行同修對於佛陀完成正覺一事，仍是抱持懷疑的態度〔註 16〕。由此可見，因為飲食觀點不同而衍生的歧見與問題，在當時的修行團體間是受到相當的重視。

完成正覺的佛陀為了幫助昔日的苦行同修獲得正覺，亦注意到苦行者們飲食觀念的歧異，於是在說法教化上，轉而著重飲食基本觀念的釐清。然而，對於當時苦行者追求解脫，卻缺乏適當方法，僅能一味刻苦自己，甚至日食一麻一麥，或但服水，或專服氣，苦苦的支持生命以求得解脫物欲的拘累，而希求心靈自由的作法，佛陀為此提出適度的砭正，特地說「一切眾生由食

〔註 14〕《根本說一切有部毘奈耶破僧事》卷五，《大正藏》卷二四，頁一〇一；《增壹阿含經》卷二三，《大正藏》卷二，頁六七〇下。

〔註 15〕《根本說一切有部毘奈耶雜事》卷二〇，《大正藏》卷二四，頁二九九下。

〔註 16〕《彌沙塞部和醯五分律》：「五人遙見佛來共作要言：瞿曇沙門昔日食一麻一米，尚不得道，今既多欲去道遠矣！但為敷一小座，慎莫起迎禮拜問訊。世尊既到，五人不覺起禮，為捉衣缽更敷好座，以水洗足。然猶輕如來，面呼姓名，某甲可就此坐。……五人復言：卿先如是難行苦行，尚不得過人法聖利滿足，況今失道放恣多欲，過人之法其可得乎？」《彌沙塞部和醯五分律》卷一五，《大正藏》卷二二，頁一〇四中。

而存」〔註 17〕，強調一切眾生有情延續維持其生命，都要依賴飲食。就此而言，此一論題的提出，的確有針砭當時苦行外道過度而偏頗的飲食觀點之重要意義。〔註 18〕

初期佛教雖然強調飲食的重要性，指出生命的存活皆端賴飲食才能延續，但是就初期佛教而言，「一切眾生由食而存」的論題，卻有其特殊的解釋，而有別於通俗意義的飲食觀點，這點值得多加考察。若就「食」的通俗意義而言，食物泛指我們所吃的東西，舉凡麵包、饅頭等固體的東西是食物，而流質的豆漿、牛奶亦是食物，這些皆是名詞的「食」（food）；至於食用或飲用這些食物的動作與過程，則是動詞的「食」（eat）。但是，基本而言，上述這種通俗的「食」義是「以嘴就食」立論。

雖然初期佛教接受這種「食」的通俗意義，但是卻賦予獨特的解釋，特別是從「六根」與「食」的觀點著眼，藉之討論生命延續、涅槃解脫與食之間的關係。例如《增壹阿含經》提到：

> 世尊告阿那律曰：汝可寢寐，所以然者，一切諸法由食而存，非食不存。眼者以眠爲食，耳者以聲爲食，鼻者以香爲食，舌者以味爲食，身者以細滑爲食，意者以法爲食。我今亦說涅槃有食！
>
> 阿那律白佛言：涅槃者以何等爲食？佛告阿那律：涅槃者以無放逸爲食，乘無放逸，得至於無爲。〔註 19〕

這段經文的緣由，乃是因爲阿那律於眾中睡眠而被佛訶責，於是發憤精進修行不顧睡眠，以致眼根毀損；佛陀爲勸阿那律睡眠，因而爲之開示「一切諸法由食而存，非食不存」，說明有情之眼耳鼻舌身意等六根亦需要食物才能持續運作。而睡眠即是眼根的食物之一，若眼根不以睡眠爲食，則眼根將敗壞；不僅如此，即使是涅槃亦需要以「無放逸」爲食才能持續成就，若無法以「無放逸」爲食，則勢必缺乏獲致涅槃的動力。依據這般的描述，於此可以初步見到修行次第與食物鏈之間繫上關係，然而這裡的「食」義顯然已超出一般「以嘴就食」的通俗意義，而其特殊意義更待進一步分析。爲此，可先從上

〔註 17〕《雜阿含經》四八六經，《大正藏》卷二，頁一二四中。《增壹阿含經》卷一三，《大正藏》卷二，頁六一三中。《長阿含經》卷八，〈眾集經〉，《大正藏》卷一，頁四九下。《大集法門經》卷一，《大正藏》卷一，頁二二七下。

〔註 18〕釋印順，《佛法概論》（台北：正聞出版社，一九九二年一月修訂二版），頁七〇。

〔註 19〕《增壹阿含經》卷三一，《大正藏》卷二，頁七一九上。

述經文裡，就眼、耳、鼻、舌、身、意等「六根」與「食」的關係進一步討論。

6.2.2 六根與食（eat）

就初期佛教而言，眼、耳、鼻、舌、身、意等「六根」，與身、口、意等「三妙行」之間是息息相關。前者是有情眾生藉以汲取經驗世界之資訊的管道，後者則是以前六者所獲得的訊息爲基礎，再由內而外地展現於經驗世界的身心行爲。

由於六根與身口意三妙行是輾轉相互影響，一旦六根收攝不得當，或是過度汲取無益於離苦的經驗資訊，這都將導致身、口、意朝向煩惱集起的業行。但是反過來說，日常生活裡，不得當的身、口、意亦會導致六根收攝不良，轉而傾向於煩惱集起的一面。近朱者赤，近墨者黑，人格特性的形成與外在環境之間的互動，原本就存在不可孤離的關係，這原本就是生活世界裡的經驗法則之一。

雖然六根是吾人認知經驗世界的六種管道，但是其認識的對象卻是色、聲、香、味、觸、法等「六塵」，這是經驗世界提供的與料，亦是眼、耳、鼻、舌、身、意所對之「六境」。但是，六根之所以是「根」（indriya）義，這是因爲六根被視爲是汲取經驗世界所提供與料（六塵）等資訊的工具，就此而言，「根」之汲取（取食）作用，難免被聯想爲與植物根部的功能相提並論，視之爲生滅變化的原動力〔註 20〕。從而，具有認識義涵的「根」義，相對地亦具有「食」（eat）義涵。

若從「食」的觀點而論，植物根部不但是吸取養份與水分（食物）之處，亦是促使植物挺立的原因之一，一旦根部被切除，植物只能逐漸枯萎敗壞不復生長。相對於此，佛教亦未曾忽視植物根部的重要性，因爲初期佛典裡描述煩惱生命的不再繼續的涅槃解脫，往往是以斷除植物根部之喻形容〔註 21〕。以「根」義形容眼、耳、鼻、舌、身、意等六者，相當程度而言，

〔註 20〕水野弘元指出，於佛世當時，一般是藉由日常用語與常識立場的根 indriya 概念，解釋生滅變化的原動力。水野弘元，〈根 Indriya について〉，《佛教教理研究》，水野弘元著作選集第二卷（東京：春秋社，一九九七年二月），頁二一一。

〔註 21〕例如《雜阿含經》二九七經：「諸比丘！若無明離欲而生明，彼誰老死，老死屬誰者，老死則斷，則知斷其根本。如截多羅樹頭，於未來世成不生法。」《雜阿含經》二九七經，《大正藏》卷二，頁八五上。

這是藉由具體可見的植物譬喻有情生命活動的的特徵。

然而，眼、耳、鼻、舌、身、意等六者亦被解釋爲「六處」或「六入處」，這強調它們是有情生命藉以滋養與延續之（身心）食物的六個重要入口。若是如此，初期佛教對於「食」思想的理解，當不限於一般「以嘴就食」（亦即舌根）的飲食觀點，而有其特別的解釋。申言之，眼、耳、鼻、舌、身、意等六處，任何一處皆是「食」（food）的入處，此外，眼、耳、鼻、舌、身、意等六根，任何一根的活動皆是「食」（eat），這亦即就是一般我們所謂的「吃」。正是如此，於前引《增壹阿含經》裡，佛陀爲阿那律解釋：眼根的活動（如眼見色）、耳根的活動（如耳聽聲）、鼻根的活動（如鼻聞香）、舌根的活動（如舌嚐味）、身根的活動（如身體的觸摸），甚至意根的活動（對於法的思惟，例如「涅槃以不放逸爲食」），這些皆被視爲是「食」（飲食）的活動。這就擴大一般以「嘴就食」的通俗「食」義。

但是就「食」分析之，這之間的關係項又包括了「能食」（眼等六根）、「所食」（六塵：色、聲、香、味、觸、法）與「食」本身的活動。若略作具體說明：當我們以眼睛（能食）看世間男女美色（所食）時，就初期佛教的意義而言，則這裡的看見活動其實就是食的活動（食），亦即眼根以世間男女美色爲食。

然而，所食的內容將影響有情身心的後續發展，若六根頻頻以世間男女美色爲食（如流覽情色網站，縱情於聲色場所），這當然會干擾心志發展，身、口、意亦將深受其影響（如沉溺於淫聲欲行而難以自拔）；若六根不再以世間男女美色爲食（如絕不接觸情色資訊，不接觸聲色場所），心志受干擾的誘因也就消失，身、口、意等亦隨之清淨。換言之，身心煩惱之完全淨化或紛紛擾擾，這相當程度上是取決於我們對於「六根之食」的選擇。

因而，就初期佛教的觀點，不僅煩惱生命的存活與延續須藉由「食」的滋養而遂行，甚至作爲解脫生命的修行法要亦須藉由「食」的滋養而成立。食不僅是食物的意思，更是資益增長的意思，這等於平常說的營養，具有滋養義或滋長義。就此而言，凡是能使有情維持延長其生命，而且擴展長大，凡是有增益作用的，都可稱爲食。至於此一資益增長的方向性，則往往決定於六根如何取捨選擇所食的食物，亦即取決於如何「護諸根門」與「食知量」。如同南傳巴利《如是語》（*Itivuttaka*）二八經與二九經所說：

（二八）諸比丘！成就二法之比丘，於現法住於苦，有患、有惱，

有焦慮，身壞死後，惡趣當可期待。何之爲二？爲不護諸根門及食不知量。〔註 22〕

（二九）諸比丘！成就二法之比丘，於現法住於樂，無患、無惱，無焦慮，身壞死後，善趣當可期待。何之爲二？於護諸根門，食爲知量。〔註 23〕

由上引經文將「護諸根門」與「食知量」兩者相互並提，可見這裡的「食」與「諸（六）根」關係密切。至於這裡所說的「食知量」與「食不知量」，若再以《增壹阿含經》裡佛陀爲阿那律說明「六根之食」的觀點解釋之，則並非僅適用於「以嘴就食」（舌根），而是皆適用諸根（眼、耳、鼻、舌、身、意等六根）的解釋。這點亦是我們理解初期佛教「食」（eat）義時，須要特別注意的。

6.2.3 六根之食（food）

既然初期佛教之「食」（eat）義，即是廣泛「六根」的活動；則其「食」（food）亦即指謂著「六根之食」。「六根之食」即是「眼、耳、鼻、舌、身、意」等六根以其相對的「色、香、味、觸、法」等六者爲食，亦即：眼以色爲食、耳以聲爲食、鼻以香爲食、舌以味爲食、身以觸爲食、意以法爲食等。

然而，正確而適當的「六根之食」，能使身心導向正面發展，不正確且不適當的「六根之食」，能使身心導向負面發展。如此一來，慎選「六根之食」就顯得相當重要。其中以「法」食而言，以前引《增壹阿含經》「涅槃者以無放逸爲食」爲例，雖然涅槃以無放逸爲食才能達致無爲（解脫），但反過來說，若不以無放逸爲食，則無法達致無爲（解脫）。可見攝取正確的食物，將有助於身心煩惱的止息。而藉由類似觀點說明「六根之食」重要性者，亦散見於初期佛典裡。例如《雜阿含》七一五經即以食的觀點說明「五蓋」、「七覺分」等法的滋長（食）或不滋長（不食）時，提到各有其食而促之消長〔註 24〕。如經文提到五蓋之食（滋長）的部份：

〔註 22〕 *Itivuttaka* pp. 22~23。漢譯引自《小部經典一》，《漢譯南傳大藏經》第二六冊，頁二〇〇。其對照經爲《本事經》，《大正藏》卷一七，頁六七三上中。

〔註 23〕 *Itivuttaka* pp. 23~24。漢譯引自《小部經典一》，《漢譯南傳大藏經》第二六冊，頁二〇一。其對照經爲《本事經》，《大正藏》卷一七，頁六七三中。

〔註 24〕 《雜阿含經》七一五經，《大正藏》卷二，頁一九二上中。

> 爾時，世尊告諸比丘：有五蓋、七覺分，有食、無食。我今當說。諦聽！善思！當爲汝說。譬如身依食而立，非不食。如是五蓋依於食而立，非不食。
>
> 貪欲蓋以何爲食？謂觸相。於彼不正思惟，未起貪欲令起，已起貪欲能令增廣，是名欲愛蓋之食。
>
> 何等爲瞋恚蓋食？謂障礙相。於彼不正思惟，未起瞋恚蓋令起，已起瞋恚蓋能令增廣，是名瞋恚蓋食。
>
> 何等爲睡眠蓋食？有五法。何等爲五？微弱、不樂、欠呿、多食、懈怠。於彼不正思惟，未起睡眠蓋令起，已起睡眠蓋能令增廣，是名睡眠蓋食。
>
> 何等爲掉悔蓋食？有四法。何等爲四？謂親屬覺、人眾覺、天覺、本所經娛樂覺。自憶念、他人令憶念而生覺，於彼起不正思惟，未起掉悔令起，已起掉悔令其增廣，是名掉悔蓋食。
>
> 何等爲疑蓋食？有三世。何等爲三？謂過去世、未來世、現在世。於過去世猶豫、未來世猶豫、現在世猶豫，於彼起不正思惟，未起疑蓋令起，已起疑蓋能令增廣，是名疑蓋食。

五蓋分別是指五種障礙修行的身心現象，經文說明這些身心現象的生起並不是沒有原因可尋，亦有其滋長的食物令之生起。以貪欲蓋爲例，若六根「觸」六塵時，未提起正念作正確思惟（思惟無常、苦、無我或不淨觀），則貪欲蓋將因此滋生；依此類推，其它四蓋亦有其滋長的誘因，若以之爲「食」亦因此滋生。由於不適當之「食」將導至這五種障礙修行的身心現象（法）生起，同理亦可知，一旦離開這些不適當之「食」時，或者不再以這些不適當之食爲滋養時，則將使這五種障道的身心現象不復生起。如同《雜阿含》七一五經接著提到五蓋之不食（不滋長）的部份：

> 何等爲貪欲蓋不食？謂不淨觀，於彼思惟，未起貪欲蓋不起，已起貪欲蓋令斷，是名貪欲蓋不食。
>
> 何等爲瞋恚蓋不食？彼慈心思惟，未生瞋恚蓋不起，已生瞋恚蓋令滅，是名瞋恚蓋不食。
>
> 何等爲睡眠蓋不食？彼明照思惟，未生睡眠蓋不起，已生睡眠蓋令滅，是名睡眠蓋不食。
>
> 何等爲掉悔蓋不食？彼寂止思惟，未生掉悔蓋不起，已生掉悔蓋令

> 滅，是名掉悔蓋不食。
>
> 何等爲疑蓋不食？彼緣起法思惟，未生疑蓋不起，已生疑蓋令滅，是名疑蓋不食。〔註25〕

再以貪欲蓋爲例，前面提到貪欲蓋之食，乃是對於六根「觸」六塵而不正思惟，才使貪欲蓋生起。至於這裡所謂的「貪欲蓋之不食」即是不對於六根「觸」六塵作不正思惟；從消極的方面而言，這是遠離導致貪欲蓋生起的滋長源，從積極的方面而言，則有導向身心清淨的作用。

然而經文提到「貪欲蓋之不食」，這裡尚得澄清「不食」的意義。這裡所謂的「不食」，只是從消極面針對「不對於六根『觸』六塵而不正思惟」立論，因爲一旦停止提供食物給貪欲蓋，貪欲蓋也就失去滋長的養分，從而失去令之生存的依據。但是從反方向來看，這裡所謂的「不食」亦即代表尚有反方向之「食」作爲滋長源，才能帶出離貪欲蓋之後的另一種身心現象，而這另一種身心現象的生起亦應該有促其生起的滋長源存在。換言之，從積極面而論，究其意義還是應該有食而促使貪欲蓋不生起與滋長，這亦即是經文提到的不淨觀，以不淨觀爲食。若非如此，豈不墮入無因果的斷滅論，且與「一切諸法皆由食而存」的命題相違背。

除了五蓋這五種障礙修行的身心現象之外，相同的道理亦可見於導向正覺的七覺分之法。如同《雜阿含》七一五經如下提到七覺分之不食（不滋長）的部份：

> 譬如身依於食而得長養，非不食。如是七覺分依食而住，依食長養，非不食。
>
> 何等爲念覺分不食？謂四念處不思惟。未起念覺分不起，已起念覺分令退，是名念覺分不食。
>
> 何等爲擇法覺分不食？謂於善法撰擇，於不善法撰擇，於彼不思惟。未起擇法覺分令不起，已起擇法覺分令退，是名擇法覺分不食。
>
> 何等爲精進覺分不食？謂四正斷，於彼不思惟。未起精進覺分令不起，已起精進覺分令退，是名精進覺分不食。
>
> 何等爲喜覺分不食？有喜、有喜處法，於彼不思惟。未起喜覺分不起，已起喜覺分令退，是名喜覺分不食。
>
> 何等爲猗覺分不食？有身猗息及心猗息，於彼不思惟。未生猗覺分

〔註25〕《雜阿含經》七一五經，《大正藏》卷二，頁一九二下。

> 不起，已生猗覺分令退，是名猗覺分不食。
>
> 何等爲定覺分不食？有四禪，於彼不思惟。未起定覺分不起，已起定覺分令退，是名定覺分不食。
>
> 何等爲捨覺分不食？有三界：謂斷界、無欲界、滅界，於彼不思惟。未起捨覺分不起，已起捨覺分令退，是名捨覺分不食。〔註26〕

以念覺分爲例，念覺分之所以無法滋長（食），這是因爲未以四念處爲食而導致的。一旦念覺分以四念處爲食，則念覺分將生起與增廣，如同《雜阿含》七一五經如下提到七覺分之食（滋長）：

> 譬如身依食而住，依食而立。如是七覺分依食而住，依食而立。
>
> 何等爲念覺分食？謂四念處思惟已。未生念覺分令起，已生念覺分轉生令增廣，是名念覺分食。
>
> 何等爲擇法覺分食？有擇善法，有擇不善法，彼思惟已。未生擇法覺分令起，已生擇法覺分重生令增廣，是名擇法覺分食。
>
> 何等爲精進覺分食？彼四正斷思惟。未生精進覺分令起，已生精進覺分重生令增廣，是名精進覺分食。
>
> 何等爲喜覺分食？有喜、有喜處，彼思惟。未生喜覺分令起，已生喜覺分重生令增廣，是名喜覺分食。
>
> 何等爲猗覺分食？有身猗息、心猗息思惟。未生猗覺分令起，已生猗覺分重生令增廣，是名猗覺分食。
>
> 何等爲定覺分食？謂有四禪思惟。未生定覺分令生起，已生定覺分重生令增廣，是名定覺分食。
>
> 何等爲捨覺分食？有三界。何等三？謂：斷界、無欲界、滅界。彼思惟。未生捨覺分令起，已生捨覺分重生令增廣，是名捨覺分食。〔註27〕

由上述經文可知，就初期佛教而言，正確而適當的六根之食（food），是以有助益於修行解脫之法爲食，至於不正確亦不適當的六根之食，則是以滋生障道的身心現象之法爲食。於此，可見初期佛教對於愼選六根之食的重視。或也可以這般解釋，初期佛教所形成的道次地裡，從親近善知識、聽聞正法以至於明、解脫的涅槃完成，這整個次地都是依據愼選六根之食而立

〔註26〕《雜阿含經》七一五經，《大正藏》卷二，頁一九二中下。

〔註27〕《雜阿含經》七一五經，《大正藏》卷二，頁一九二下～一九三上。

論。〔註 28〕

由此可知，初期佛教對於食思想的擴大解釋，並不停留於一般「以嘴就食」的通俗意義，它將之擴大為「以六根就食」的解釋，轉而成為一套完善的保健之學，對於有情身心熱惱的疾病，藉由正確身心之食的管理與安排，提供預防與治療的理論依據。

6.3 緣起與食之交涉

6.3.1 四食：初期佛教對於食物種類的分析

至於「緣起」與「食」之交涉，我們可藉由初期佛教對於食物種類的四種分析（即四食），作為探討兩者交涉之線索。如《雜阿含》三七一經：

> 爾時，世尊告諸比丘：有四食資益眾生，令得住世攝受長養。何等為四？謂一麤摶食、二細觸食、三意思食、四識食。〔註 29〕

這裡所說的四食分別是就身心雙層面的需求而提出的，然而身心的結構又可細分為多類，若一一對應解說，亦當有一一對應之食，為此《阿含經》中所說的食應當不限於四者，這與緣起系列以十二為數的的含義相近，都是舉要說明，不能視為一成不變的定數。不過佛陀約資益有情作用最強盛的，特別總括為四食，這亦為後代一般論師所稱引。

第一種的麤摶食（kabaliṅkārāhāra）亦即日常吾人之飲食，凡是入口之物而可食噉者，這類食物為物質之食料，由於這類的食物又可分為餐次段落，所以又稱為段食。第二種的更樂食亦即是細觸食（sukhuma phassa āhāra），觸食是以眼耳鼻舌身意等六根與六根所對之境相接觸之際的「觸」為名。例如，眼根見美色，耳根聽妙音，鼻根聞馨香等。在觸裡，因為六根能觸及外界的六境，並透過觸來豐饒身心的成長與發展，為此之故，觸可被視為是使身心成長的食物。

第三是意思食（manosañcetanā āhāra），是指使生命能夠維持的意思（意志）之食。好比說，在沙漠的遠行中由於食物缺乏，因此父母秘密地將沙子放入袋中，卻告訴孩子還有食物，讓孩子存著希望。孩子因為抱存著這個希望，所以才能忍受困苦的沙漠旅程，一旦他知道裡面只是沙子時，就會失望

〔註 28〕《中阿含經》卷一〇，〈本際經〉，《大正藏》卷一，頁四八七中下。

〔註 29〕《雜阿含經》三七一經，《大正藏》卷二，頁一〇一下。

而死。像這般地以希望、意志來作爲生命維持的力量，就是以意思爲生命之食。第四個識食（viññāṇa āhāra），是指生命能夠維持的識的判斷活動而言。不論是睡覺的時候或氣絕的時候，都有著微細的識在持續地活動著，因之而生命不失。可是一旦識斷絕了，生命也就結束了，因此，以識作爲生命的食物。

6.3.2 緣起系列裡之「食」支

就初期佛教的教理而言，四食並非無因而生，而是有其生起的因緣；食於緣起系列裡亦有其地位，當不可被漠視。將食視爲是緣起系列之一支，並提到緣起系列與四食之因緣生起的看法，可見於《雜阿含》三七一經這部分內容：〔註 30〕

> 此四食何因？何集？何生？何觸？謂此諸食愛因、愛集、愛生、愛觸。
>
> 此愛何因？何集？何生？何觸？謂愛受因、受集、受生、受觸。
>
> 此受何因？何集？何生？何觸？謂受觸因、觸集、觸生、觸觸。
>
> 此觸何因？何集？何生？何觸？謂觸六入處因、六入處集、六入處生、六入處觸。
>
> 六入處集是觸集，觸集是受集，受集是愛集，愛集是食集，食集故未來世生、老、病、死、憂、悲、惱苦集。如是純大苦聚集。
>
> 如是六入處滅則觸滅，觸滅則受滅，受滅則愛滅，愛滅則食滅，食滅故於未來世生、老、病、死、憂、悲、惱苦滅。如是純大苦聚滅。

從上引經文的後半段，我們可以看到它以順觀與逆觀雙向進路，將緣起系列描述爲「六入處→觸→受→愛→食→老死」等六支緣起。但是，若將十二支緣起的「無明→行→識→名色→六入→觸→受→愛→取→有→生→老死」後段，與上述的六支緣起相比較，則前者顯然是略去「取、有」兩支，轉而以「食」支取代。至於，隨後的「生老病死憂悲惱苦」之集與滅等文句，則同於十二緣起系列的一般敘述。

但是問題在於，如果把前面「四食」的麤摶食、觸食、意思食、識食等內容，與這裡的「食」支加以比較，則兩者對於「食」的理解顯然有所出入。

〔註 30〕《雜阿含經》三七一經，《大正藏》卷二，頁一〇一下～一〇二上。

原因在於：就「六入處→觸→受→愛→食→老死」的六支緣起而言，「食」支是位於「愛」支之後；然而若從十二支緣起「無明→行→識→名色→六入處→觸→受→愛→取→有→生→老死」的順序，考察四食裡的「觸」、「識」兩食，則識支與觸支的順序則位於愛支之前，亦即識支與觸支等的存在方能確立愛支（緣已生法）藉以生起之緣。如此一來，不論是把「食」解釋爲前者（於愛支之後），或是解釋爲後者（於愛支之前），似乎兩種說法都行得通。不過若依這兩種說法解釋食支於緣起系列裡的位置時，顯然就一腳踩入重義返述的的套套邏輯（tautology）迴路裡，無法爲食支於緣起系列的位置提出眞正的解釋。如此一來，如何理解「食」支於緣起系列裡所代表的意義之問題，就不得其解。或許這個問題可暫且擱置，先從另條線索談起。

亦即中村元指出，南傳巴利藏的《經集》（*Sutta-Nipāta*）裡，存在著種種探討苦因生起之緣起系列，由於它們皆是兩支緣起的素樸模式，所以可以視之爲「最古層緣起說」之萌芽型態。他依此推論，藉由增添與刪除上述「最古層的緣起說」裡的緣起支，才逐漸形成後來種種緣起系列型態（三支、四支、五支、乃至十二支），並且成爲有條理的佛教教義系統〔註31〕。值得注意的是，上述提到「最古層緣起說」裡，其中亦有關於「食」的緣起系列。例如《經集》「大品」十二經〈二種隨觀經〉（*Dvayatānupassana*）〔註32〕。其中的一段偈文如下：

> 任何苦之生，皆緣食而生，依於諸食滅，無有苦之生。
>
> 苦乃緣食有，知此爲過患，遍知一切食，勿依止諸食。

從經文提到「苦←食」的緣起系列來看，初期佛教的確對於緣起系列裡的「食」相當重視。但是隨之衍生的問題在於，若「食」支果眞如中村元所謂的「最古層緣起說」之一，並且在緣起系列定型化的過程中被刪除，而無法被納入較完整的緣起系列（如十二支緣起等的項目）。在此便須要進一步發問：爲何定型化的緣起系列（尤其是十二支緣起）未將「食」納入其中呢，究竟是什麼樣的理由而導致它被刪除呢？這個問題就值得我們追問，並提出適當的解釋。甚至亦可因此順帶地釐清「食」與「緣起」思想之間未被省察到的它層意義。

〔註31〕中村元，《原始佛教の思想》下（中村元選集第一四卷）第五編第二章「眞理を見る」，一九六一年，頁四一～七二。

〔註32〕*Sutta-Nipāta* p. 145。漢譯引自《小部經典二》，《漢譯南傳大藏經》第二七冊，頁二〇八。

6.4 緣起之食

6.4.1 食義之普遍性

關於這點，我們可以藉由《中阿含》「習相應品」〈食經〉與〈本際經〉對於「食」的用例，得到進一步的釐清。〈食經〉裡，藉雨水的聚集以致於大海的形成爲例，說明大海的形成是藉由以大河等爲食而形成，如經文提到：

> 大海亦有食，非無食。何謂大海食？答曰：大河爲食。大河亦有食，非無食。何謂大河食？答曰：小河爲食。小河亦有食，非無食。何謂小河食？答曰：大川爲食。大川亦有食，非無食。何謂大川食？答曰：小川爲食。小川亦有食，非無食。何謂小川食？答曰：山巖溪澗、平澤爲食。山巖溪澗、平澤亦有食，非無食。何謂山巖溪澗、平澤食？答曰：雨爲食。
>
> 有時大雨，大雨已，則山巖溪澗、平澤水滿。山巖溪澗、平澤水滿已，則小川滿。小川滿已，則大川滿。大川滿已，則小河滿。小河滿已，則大河滿。大河滿已，則大海滿。如是彼大海展轉成滿，如是有愛亦有食，非無食。〔註 33〕

經文以大海之隱喻，說明大海的形成是從「大雨→山巖溪澗、平澤→小川→大川→小河→大河→大海」的順序，積少成多地匯集而成，並且隨後以大海之喻解釋「有愛」與「明解脫」的生起過程，說明「有愛」與「明解脫」兩種截然不同的（正邪）道次第的生起亦如大海匯集般，各有其（法）「食」而促之生起。如提到「有愛」之食的部份：

> 何謂有愛食？答曰：無明爲食。無明亦有食，非無食。何謂無明食？答曰：五蓋爲食。五蓋亦有食，非無食。何謂五蓋食？答曰：三惡行爲食。三惡行亦有食，非無食。何謂三惡行食？答曰：不護諸根爲食。不護諸根亦有食，非無食。何謂不護諸根食？答曰：不正念、不正智爲食。不正念、不正智亦有食，非無食。何謂不正念、不正智食？答曰：不正思惟爲食。不正思惟亦有食，非無食。何謂不正思惟食？答曰：不信爲食。不信亦有食，非無食。何謂不信食？答

〔註 33〕《中阿含經》五二經〈食經〉，《大正藏》卷一，頁四八八上中。相關的譬喻亦請參考其對照經巴利《增支部經典》十集「雙品」（Yamaka-Vagga）六一經與六二經：*Aṅguttara-Nikāya* vol. V, pp. 113~119。漢譯請參考《增支部經典七》，《漢譯南傳大藏經》第二五冊，頁一～八。

曰：聞惡法爲食。聞惡法亦有食，非無食。何謂聞惡法食？答曰：親近惡知識爲食。親近惡知識亦有食，非無食。何謂親近惡知識食？答曰。惡人爲食。〔註34〕

至於「明解脫」的部份：

明、解脱亦有食，非無食。何謂明、解脱食？答曰：七覺支爲食。七覺支亦有食，非無食。何謂七覺支食？答曰：四念處爲食。四念處亦有食，非無食。何謂四念處食？答曰：三妙行爲食。三妙行亦有食，非無食。何謂三妙行食？答曰：護諸根爲食。護諸根亦有食，非無食。何謂護諸根食？答曰：正念、正智爲食。正念、正智亦有食，非無食。何謂正念、正智食？答曰：正思惟爲食。正思惟亦有食，非無食。何謂正思惟食？答曰：信爲食。信亦有食，非無食。何謂信食？答曰：聞善法爲食。聞善法亦有食，非無食。何謂聞善法食？答曰：親近善知識爲食。親近善知識亦有食，非無食。何謂親近善知識食？答曰：善人爲食。〔註35〕

上述兩段經文的內容，著重於以法爲食的描述，勾勒出修行道次第裡，每一次第彼此之間的關係是「能食」與「所食」的關係。若拉大距離觀察，這無異於是將修行道次第解釋爲食物鏈，不論是往明解脫的方向與次第，或是往有愛無明的方向次第，都被食物鏈所牽繫，並且「所食」的（法）食物將影響「能食」的發展方向。而這般的食物鍊呈現雙向運作，從「具惡人→親近惡知識→聞惡法→不信→不正思惟→不正念、不正智→不護諸根→三惡行→五蓋→無明→有愛」，產生欲惡不善法的集起〔註36〕；從「具善人→親近善知識→聞善法→生信→正思惟→正念、正智→護諸根→三妙行→四念處→七覺支→明・解脱」，產生明解脫的修行道次第〔註37〕。並且任何一系列裡的後項

〔註34〕《中阿含經》五二經〈食經〉，《大正藏》卷一，頁四八八中。

〔註35〕《中阿含經》五二經〈食經〉，《大正藏》卷一，頁四八八中下。

〔註36〕〈食經〉：「是爲具惡人已，便具親近惡知識。具親近惡知識已，便具聞惡法。具聞惡法已，便具生不信。具生不信已，便具不正思惟。具不正思惟已，便具不正念、不正智。具不正念、不正智已，便具不護諸根。具不護諸根已，便具三惡行。具三惡行已，便具五蓋。具五蓋已，便具無明。具無明已，便具有愛。有愛展轉具成。」《中阿含經》五二經〈食經〉，《大正藏》卷一，頁四八八中。

〔註37〕〈食經〉：「是爲具善人已，便具親近善知識。具親近善知識已，便具聞善法。具聞善法已，便具生信。具生信已，便具正思惟。具正思惟已，便具正念、

皆是以前項為食而生起。

從上述《中阿含》〈食經〉裡「食」的用例，我們可以發現到它並未如同《雜阿含》三七一經般，將「食」給部份限定於緣起系列裡「食」支的位置，而是有其更寬廣的解釋，並且此一解釋甚至還超越過食作為「食支」的狹義定位，而有其普遍性意義，普遍適用於生活世界裡。

6.4.2 食（food）即緣（paccaya）

為此，食與緣起兩者之間意義，便可逐次明顯。如同《雜阿含》的編輯者將「食相應」納入「雜因誦」，依此可以推測這些編輯們應當認為「食」與「緣起」思想（廣義而言即是「因緣」思想）相近，或至少有深刻的關係，才會這樣編排。同理可得，從《中阿含》的編輯者將〈食經〉納入「習相應品」裡，亦可依此推得「食」與「習」思想相彿，才會作如此編輯。若是如此，初期佛教對於「食」的解釋，實是近於廣義的「因緣」思想，換言之，「食」（āhārā）這個詞本身所代表的意義，實是雷同於之前所提過的 paticca（緣）、paccaya（緣）、smaudaya（集、習）、sambhavaanti（發生）、uppajjati（生）等詞彙。

這點亦可透過《中阿含》「習相應品」〈食經〉與〈本際經〉〔註 38〕兩經逐一對照裡，得知「食」與因緣類辭彙彼此相近。在《中阿含》「習相應品」裡，第十經〈本際經〉與第十一經〈食經〉被並鄰編排，但是〈本際經〉與〈食經〉的內容幾乎完全相同，唯一不同處即在於後者以「食」字替代〈本際經〉裡的「習」字，其它的文句則完全相同。由此可知，「食」義即是「習」義，亦即是巴利語 samudaya，這相當於如上所說的「因緣」類詞彙。〔註 39〕

6.4.3 食（eat）即緣起概念之一般性意義

除此之外，也要注意到《相應部》「因緣相應」〈澎脹經〉（*Upayanti*），也

正智。具正念、正智已，便具護諸根。具護諸根已，便具三妙行。具三妙行已，便具四念處。具四念處已，便具七覺支。具七覺支已，便具明、解脫。如是此明、解脫展轉具成。」《中阿含經》五二經〈食經〉，《大正藏》卷一，頁四八八下。

〔註 38〕《中阿含經》卷一〇，〈本際經〉，《大正藏》卷一，頁四八七中下。

〔註 39〕亦請參考其對照經巴利《增支部經典》十集「雙品」（Yamaka-Vagga）六一經與六二經：*Aṅguttara-Nikāya* vol. V, pp. 113~119。漢譯請參考《增支部經典七》，《漢譯南傳大藏經》第二五冊，頁一～八。

以相同的「大海之喻」，比喻十二支緣起的集起與轉滅如同大海之澎脹（upayanti）與收縮（apayanti）〔註 40〕。若依《中阿含》〈食經〉的「大海之喻」來類比〈澎脹經〉經的義涵，則不僅十二支緣起的集起過程，亦如同大海以大河等為「食」的過程，甚至十二支緣起裡前後緣起支的關係，亦如同大海以大河等為「食」的關係，或者簡言之，緣起本身即是「食」的活動。

若以十二支緣起之「無明」與「行」為例，行以無明為「緣」，而行是無明之「緣已生法」，從無明到行生起的過程即是緣起；若將「食」思想運用於緣起系列的解釋，則行以無明為「食」，才能使行獲得滋養而延續。如此一來，獲得無明之食而生起行的過程即是「食」的動態過程，而這種動態過程之「食」義，就廣義與譬喻的層面而言，即被視為是緣起概念的一般性意義。

如此一來，這也間接地回答：為何定型化的緣起系列（尤其是十二支緣起）裡，未將「食」納入其中之問題。亦即初期佛教將「食」視為「緣」（paccaya），這相當於緣起系列裡促成「緣已生法」生起之「緣」的位置，由於「緣」義本身適用於任何一支緣起支，也就具有普遍性義涵，以致於無法完全被侷限為緣起系列裡單一特殊的食支，才會被排除於較為完備的緣起系列（如十二支緣起）系統之外。

6.5 小結

藉由本文以上的論述，我們得出幾項結論。

首先，初期佛教所謂的「食」義與通俗的「食」義有所不同。通俗的「食」義是從「以嘴就食」的觀點立論，若就「眼、耳、鼻、舌、身、意」六根而言，它僅限於「舌根」的活動，卻未普及於其它五根的活動。但是初期佛教所謂的「食」義，不但接受「以嘴就食」的通俗「食」義，同時也認為「眼、耳、鼻、舌、身、意」等六處，皆是取食的入處（六入處），而「眼、耳、鼻、

〔註 40〕經文如下：「諸比丘！大海膨脹，使諸大河膨脹，諸大河澎脹時，使諸小河澎脹。小河膨脹，使大湖膨脹。大湖膨脹，亦使小湖膨脹。諸比丘！同此，無明膨脹，使諸行膨脹。諸行膨脹，使識膨脹。諸識膨脹時，使名色膨脹。名色膨脹時，使六處膨脹。六處膨脹時，使觸膨脹。觸膨脹時，使受膨脹。受膨脹時，使愛膨脹。愛膨脹時，使取膨脹。取膨脹時，使有膨脹。有膨脹時，使生膨脹。生膨脹時，使老死膨脹。」隨後則以退潮之喻，說明「無明收縮時，使諸行收縮」等。*Saṃyutta-Nikāya* vol. II, pp. 118~119。漢譯請參見《相應部二》，《漢譯南傳大藏經》第十四冊，頁一四〇。

舌、身、意」等六根的活動，皆可視爲是「食」（eat）的活動。

此外，由於初期佛教將「食」義解釋爲「緣」（paccaya）義，就思想上的同質性而言，「食」相當於緣起系列裡「緣」之位置。然而，由於「緣」的概念適用於任何緣起支的解釋，因而具備普遍性意義。爲此，「食」義亦具備「緣」義的普遍性意義，而無法被狹義地定位爲緣起系列之「食」支。

再者，因爲「食」義被解釋爲「緣」義，所以緣起系列亦可類同於食物鏈的系列，換言之，後項的「緣已生法」以前項之「緣」爲食、爲滋養而生起。就此而言，「食」（food）義即是「緣」（paccaya）義，而「食」（eating）的過程即被解釋爲「緣起」（paṭiccasamuppāda）的過程。這樣的觀點可謂是初期佛教緣起思想的特色，而「食」（āhārā）義即是緣起概念之一般性意義。

最後，基於以上所述，我們可以推論出，就初期佛典編輯者之觀點而言，因爲「食」義即是緣起概念之一般性意義，因而於編排《雜阿含》目錄結構時，將「食相應」與「因緣相應」並列納入「雜因誦」。

7 結論

於正式結論之前，在此略就本論文於第一章「導論」裡，所設立的「研究目的」、「研究進路」與「研究策略」等加以回顧，這一方面有助於我們扣緊最初設定的研究目標，並依此反省本文是否依照其論題進行。

7.1 本文的研究目的回顧

如「導論」所述，本論文乃是「嘗試就緣起概念於初期佛教的一般性意義進行研究」，而本論文研究之目的，即在於澄清與詮釋初期佛教之緣起概念的「一般性意義」。這裡所謂的「一般性意義」，即是「初期佛典的編輯者們，如何普遍地理解初期佛典裡『緣起』以及與『緣起』相關的文本與概念」。換言之，我們對於初期佛教緣起思想的理解，是透過現存的初期佛典來理解；但是初期佛典的集成與編輯過程中，難以避免有編輯者的理解與詮釋參與於其中，因此不同傳承的編輯者對於特定法義經群的編輯看法，就會表現出不同的編輯類型，而從此也可見其關懷重心之所在。

以本文所探討的「緣起概念」爲例，漢譯的《雜阿含經》的編輯者將「緣起相應」與「食相應」、「諦相應」、「界相應」等的不同主題的經文，一同納入「雜因誦」（因緣誦）內，由此可推知《雜阿含經》的編輯者所理解的緣起概念，並非剝離於其它主題概念之外，由於彼此之間的義理息息相涉，所以才將這些不同主題的文本「鳩集成廁」彙編爲一誦。至於，巴利《相應部》亦將「緣起」、「食」、「界」等主題的經文納入「因緣誦」（Nidāna-Vagga），但是「諦相應」則是納入「大品」（Mahā-Vagga）內，與「道相應」、「覺支相應」、

「念處相應」等側重實踐法門的經群並列。由此可見到，巴利《相應部》編輯者的理解與詮釋略不同於漢譯《雜阿含經》編輯者之處；但是更重要的是，由此更可見到兩者於理解與詮釋緣起思想之大同處，亦即相關主題之經群與概念的背景，正是理解緣起思想的一個重要的要素。

換言之，可以這般理解：亦即討論緣起（前景），勢必亦涉及其它主題（背景），才能完全托出緣起思想的意義。這猶如相片內容的構圖是一樣的，有「前景」的存在，必然有其「背景」存在，見到「前景」也就隨帶地成立「背景」。沒有「背景」的「前景」是虛無的，沒有「前景」的「背景」是盲目的。唯有「前景」與「背景」交互並觀，一個清晰與對比分明的圖像才能爲人所認知。

然而，之所以會有漢譯與巴利兩者不同的編輯類型呈現出來，這乃是取決於初期佛典編輯者對於佛典內義理的詮釋不同，因而導致經典文本的編排不同。爲此之故，我們以「編輯者之詮釋性」一詞解釋這具有相當影響力的要素，並藉由這個角度來作爲探討「初期佛教緣起概念」的一種嘗試。然而在討論「緣起」時，由於《雜阿含經》編輯者於「雜因誦」裡選擇「緣起」、「食」、「諦」、「界」四個主題作爲緣起概念的廣義解釋，這相較於《相應部》編輯者的選擇更豐富，爲此本文進而選擇前者所擬定的「緣起」、「食」、「諦」、「界」四種思想爲主題，並就彼此之間義理之交涉作爲理解「緣起概念」的一種嘗試。換言之，在此考量下，本文「初期佛教『緣起』概念析論」的論題即以「緣起」爲前景，而以「食」、「諦」、「界」三者爲背景，藉由「編輯者之詮釋性」的角度，重新澄清與解釋初期佛典裡緣起概念與其一般性意義。

7.2 本文結論

然而，透過本文的論述與分析，我們對於初期佛教緣起概念與其「一般性意義」之探討，可以歸納爲幾點結論。以下分別依照本文論述的「緣起」、「界」、「諦」、「食」次序談及。

7.2.1 關於「緣起」之結論

首先，我們認爲：藉由巴利文 avijjāpaccayā saṅkhārā 或漢譯「（從）無明（之）緣（而生起）行」來解析「緣起」（paṭicca-samuppāda）系列的句型結構，可以將之解析為（無明）「緣」（paccaya）、與（行）「緣已生法」（paṭiccasamuppanna dhamma）兩項。其中，「緣」為名詞從格，而「緣已生法」為名詞主格，並且「緣」與「緣已生法」為因果關係。至於，「緣起」即是指從（無明）「緣」到（行）「緣已生法」的整體內容，這點亦是緣起概念的一般性意義，此意義適用於所有緣起現象的解釋。

其次，歷來阿毘達磨論師解釋「緣起」時，或許是分析學風影響所致，因而將「緣起」概念過度化約為「緣」，並認為「緣起」與「緣已生法」乃是因果關係。就此而言，阿毘達磨論師的這種觀點難免忽略「緣起」乃是從（無明）「緣」到（行）「緣已生法」義。因而，當我們重新理解緣起思想時，須對此加以留意。

7.2.2 關於「界」之結論

再者，透過對於〈緣經〉相關經文進行文法分析，我們得出結論為「界」其實是指涉著：從名詞「從格」（ablative）的「緣」，到名詞「主格」（nominative）的「緣已生法」生起，兩者之間的範圍義。換言之，「緣起」為「（從）『緣』（而生起）『緣已生法』」，而「界」亦是「（從）『緣』（而生起）『緣已生法』」，「緣起」與「界」兩者是同一事件，但不同面相的解釋。正是如此，漢譯《雜阿含經》編輯者或是巴利《相應部》的編輯者，皆將「界相應」納入「因緣誦」內，視之緣起思想的廣義解釋。

但是，阿毘達磨佛教的論師或許過度著重「緣起」與「緣已生法」的因果關係，所以也就未刻意區分「緣起」與「緣」概念之間的差別，影響所及之處，反而對於從「緣」與「緣已生法」之間的「範圍義」，多少忽略。在此情況之下，毘曇論師們未能從「緣」到「緣已生法」生起之間的範圍義解釋「界」，這是可以料想到的。至於，覺音論師以「緣之自性」（paccayasabhāva）解釋《相應部》「因緣相應」〈緣經〉（*Paccaya*）的界（dhātu）義，雖然這種傳統觀點始終佔著優勢地位，但是若我們能從「範圍義」理解「界」義，這多少能對於傳統制式的觀點起些提醒與活化的作用。

7.2.3 關於「諦」之結論

再者，略略有別於歷來學者將「諦」解釋為「真理」的觀點，我們認為這樣的解釋不足以完全說明「諦」思想的特色。我們認為：「諦」思想乃是對於緣起思想之教學系統化或補充解釋的結果，換言之，緣起思想被系統化或

「諦」化爲「苦聖諦」、「苦集聖諦」、「苦滅聖諦」、「苦滅道跡聖諦」四種要義，藉此掌握甚深難解的緣起思想。一般而言，雖然「諦」（sacca）是審實不虛之義，指眞實無誤、永遠不變之事實，但是若將漢譯所用之「諦」字，解析爲「言之帝者」，這到不失其「要義」化的特色。

然而，就「諦」思想對於緣起思想的詮釋性而言，雖然可被視爲是緣起概念的一般性意義；但是由於「諦」被四重化爲「四諦」，若以四種裡單獨一「諦」理解緣起思想，難免有「舉一隅不以三隅反」的不周延。而這樣的不周延也可能表現在漢譯《雜阿含經》與巴利《相應部》的編輯者們對於「諦」思想的理解與詮釋裡。前者傾向於重視「諦」的整詮性，因此將「諦相應」經群納入「雜因誦」內，作爲廣義緣起思想的解釋；而後者則傾向於重視「諦」的「苦、集、滅、道」四諦之四重化，因此將「諦相應」經群納入「大品」，而與重視修道實踐的「道相應」、「覺支相應」、「念處相應」等經群並列。由此可見，不同傳承的初期佛典編輯者們，在這方面理解的差異。

7.2.4 關於「食」之結論

首先，我們認爲初期佛教之「食」義，有別於「以嘴就食」的通俗「食」義，亦即它是「以六根就食」解釋之。此外，由於初期佛教將「食」（food）理解爲「緣」（paccaya），因此「食」義具有「緣」的普遍性意義，因而無法被歸納爲殊異性的「食」支。並且，正是因爲「食」被理解爲「緣」，因此「食」（eat）的動態歷程則被譬喻爲緣起的歷程。就此而言，初期佛教的緣起思想其實預設著「食物鏈」的深層意義，從煩惱流轉的面向來看，因爲眾生皆依食而存，有生必有食，有食必有被食，被食則難以避免眾生相食的窘境，換言之，眾生的關係建立於食物鏈的苦迫關係上，其中由「食」義所發而內蘊的苦迫性，仍值得我們進一步深入探問。

7.2.5 結論

整體而言，本文藉由「編輯者（對於佛典）之詮釋性」的觀點，從《雜阿含》「雜因誦」裡「緣起、食、諦、界」四個重要主題，探討彼此的交涉。從上述的論析裡，初期佛典的編輯者所理解的緣起思想，並不是一孤立的概念，四個主題雖各自分立，卻是用以側面表達「緣起」的重要概念，無法切割開來處理。當我們論及初期佛教緣起概念，必須將其他三種概念納入討論，如此才能描述出初期佛典編輯者所理解之緣起概念的一般性意義。

8 參考文獻

說明：

1. 關於《大正新脩大藏經》（以下簡稱《大正藏》）的引用經典部分，我們列出其翻譯的朝代、譯者與《大正藏》的卷數，並依據該經典的「經號」順序排列。至於《大正藏》以外者的漢譯佛典部分，由於屬於當代編輯的成果或譯作，其內容不似《大正藏》般浩瀚與複雜，於此則僅列其經典名稱。
2. 中日文著作依姓氏筆劃排序，西文著作依英文字母順序排序。
3. 涉及數字部分，爲前後一貫起見，本研究所引用的參考文獻裡，凡中日文著作裡的數字，皆以漢字的數字符號表示（如卷數、經號、年月、頁數等）；凡西文著作裡的數字，皆以阿拉伯數字表示。但是同一作者或編輯者的作品，或於不同年代初版或改版，在此不論其爲中日文著作或西文著作，則統一於該著作前方，以阿拉伯數字的編年體方式表示其初版年份，至於其再版數則標示於後。例如：

   水野弘元

   1968　《パーリ語辭典》，東京：春秋社，一九八九年十一月二訂版。

   在此，「1968」表示初版年份，「一九八九年十一月二訂版」表示其改版年份。若隨後未特別標示該著作的改版年份與月份，則統一視爲初版。

8.1 佛教典籍

《大正新脩大藏經》（台北：新文豐出版社，一九九三年版）

《長阿含經》（後秦，佛陀耶舍共竺佛念譯，《大正藏》卷一，經號一）

《大般涅槃經》（東晉，法顯譯，《大正藏》卷一，經號七）

《長阿含十報法經》（後漢，安世高譯，《大正藏》卷一，經號一三）

《中阿含經》（東晉，瞿曇僧伽提婆譯，《大正藏》卷一，經號二六）

《佛說四諦經》（後漢，安世高譯，《大正藏》卷一，經號三二）

《雜阿含經》（劉宋，求那跋陀羅譯，《大正藏》卷二，經號九九）

《別譯雜阿含經》（失譯，《大正藏》卷二，經號一〇〇）

《佛說轉法輪經》（後漢，安世高譯，《大正藏》卷二，經號一〇九）

《佛說放牛經》（後秦，鳩摩羅什譯，《大正藏》卷二，經號一二三）

《增壹阿含經》（東晉，瞿曇僧伽提婆譯，《大正藏》卷二，經號一二五）

《本事經》（唐，玄奘譯，《大正藏》卷一七，經號七六五）

《彌沙塞部和醯五分律》（劉宋，佛陀什共竺道生等譯，《大正藏》卷二二，經號一四二一）

《摩訶僧祇律》（東晉，佛陀跋陀羅共法顯譯，《大正藏》卷二二，經號一四二五）

《四分律》（姚秦，佛陀耶舍共竺佛念等譯，《大正藏》卷二二，經號一四二八）

《根本說一切有部毘奈耶破僧事》（唐，義淨譯，《大正藏》卷二四，經號一四五〇）

《根本說一切有部毘奈耶雜事》（唐，義淨譯，《大正藏》卷二四，經號一四五一）

《阿毘達磨法蘊足論》（唐，玄奘譯，《大正藏》卷二六，經號一五三七）

《阿毘達磨品類足論》（唐，玄奘譯，《大正藏》卷二六，經號一五四二）

《阿毘達磨發智論》（唐，玄奘譯，《大正藏》卷二六，經號一五四四）

《阿毘達磨大毘婆沙論》（唐，玄奘譯，《大正藏》卷二七，經號一五四五）

《阿毘達磨俱舍論》（唐，玄奘譯，《大正藏》卷二九，經號一五五八）

《阿毘達磨俱舍釋論》（陳，眞諦譯，《大正藏》卷二九，經號一五五

九）

《阿毘達磨順正理論》（唐，玄奘譯，《大正藏》卷二九，經號一五六二）

《阿毘達磨藏顯宗論》（唐，玄奘譯，《大正藏》卷二九，經號一五六三）

《瑜伽師地論》（唐，玄奘譯，《大正藏》卷三〇，經號一五七九）

《成唯識論》（唐，玄奘譯，《大正藏》卷三一，經號一五八五）

《攝大乘論》（後魏，佛陀扇多譯，《大正藏》卷三一，經號一五九二）

《攝大乘論》（陳，眞諦譯，《大正藏》卷三一，經號一五九三）

《攝大乘論本》（唐，玄奘譯，《大正藏》卷三一，經號一五九四）

《攝大乘論釋》（陳，眞諦譯，《大正藏》卷三一，經號一五九五）

《攝大乘論釋論》（隋，笈多共行炬等譯，《大正藏》卷三一，經號一五九六）

《攝大乘論釋》（唐，玄奘譯，《大正藏》卷三一，經號一五九七）

《攝大乘論釋》（唐，玄奘譯，《大正藏》卷三一，經號一五九八）

《究竟一乘寶性論》（後魏，勒那摩提譯，《大正藏》卷三一，經號一六一一）

《佛光大藏經》《阿含藏》（高雄：佛光出版社，一九九五年八月初版七刷）

《雜阿含經》

《中阿含經》

《長阿含經》

《增壹阿含經》

《漢譯南傳大藏經》（高雄：元亨寺妙林出版社，一九九〇年起出版）

《律藏》

《長部經典》

《中部經典》

《相應部經典》

《增支部經典》

《小部經典》

《清淨道論》

Pali Text Society's *Ti-Piṭaka*

Vinaya.

Digha-Nikāya.

Majjhima-Nikāya.

Saṁyutta-Nikāya.

Aṅguttara-Nikāya.

Khuddaka-Nikāya.

Visuddhimagga.

Pali Text Society's *Tri-Piṭaka* in English translation version

Dialogue of the Buddha.

Further Dialogue of the Buddha.

The Book of the Buddha.

The Book of Gradual Saying.

The Path of Purification.

Other *Tri-Piṭaka* in English translation version

Maurice Walshe, *The Long Discourses of the Buddha.* Wisdom Publications, 1995.

Bhikkhu Ñāṇamoli and Bhikkha Bodhi, *The Middle Length Discourses of the Buddha.* Wisdom Publications, 1995.

Nyanaponika Thera & Bhikkhu Bodhi, *Numerical Discourses of the Buddha.* Altamira press, 1999.

Bhikkhu Bodhi, *The Connected Discourses of the Buddha.* vol. I., Wisdom Publications, 2000.

Bhikkhu Bodhi, *The Connected Discourses of the Buddha.* vol. II., Wisdom Publications, 2000.

8.2 工具書

水野弘元

1955 《パーリ語文法》，東京：山喜房佛書林，一九七三年四月補訂第六版。

《パーリ語文法》，東京：春秋社，一九九六年四月第九版。

1968 《パーリ語辭典》，東京：春秋社，一九八九年十一月二訂版。

1968 《南傳大藏經總索引》，大阪：東方出版社，縮刷本，一九六八年。

中村元編

1981 《佛教語大辭典》，東京：東京書籍。

1983 《佛典解題事典》，東京：春秋社。

布魯格編著、項退結編譯

1992 《西洋哲學辭典》，台北：華香園出版社。

平川彰編

1995　《佛教漢梵大辭典》，東京：靈友會。

雲井昭善

1997　《パーリ語佛教辭典》，東京：山喜房佛書林。

慈怡主編

1988　《佛光大辭典》，高雄：佛光出版社。

佛光大藏經編修委員會編

1988　《佛光大藏經・阿含藏總索引》，高雄：佛光出版社。

高崎直道等編集

1987　《佛教・インド思想辭典》，東京：春秋社。

荻原雲來編纂

1987　《漢譯對照梵和大辭典》，東京：講談社，一九八七年三月第三刷。

漢語大字典編輯委員會編

1998　《漢語大字典》，台北：建宏出版社。

Childers, Robert Caesar

1875　*A Dictionary of the Pāli Language*. Kyoto, Rinsen Book Company, 1987 reprint.

Edgerton, Franklin

1953　*Buddhist Hybrid Sanskrit grammar and dictionary*. New Haven.

Geiger, Wilhelm

1994　*A Pāli Grammar*. London, PTS.

Mahāthera, A. P. Buddhadatta

1957　*Concise Pāli-English Dictionary*. Delhi, 1989 reprint.

Monier-Williams, Sir Monier

1988　*Sanskrit-English Dictionary*. Clarendon Press,

Neufeldt, Victoria

1996　*Webster's New World College Dictionary*. Macmillan, 1996.

Rhys Davids, T. W. and Stede, William

1921　*Pāli Text Society's Pāli-English Dictionary*. (1986 reprint) London: PTS.

Whitney, William Dwight

1991　*The Roots, Verb-forms and Primary Derivatives of the Sanskrit Language*. Delhi: Motilal.

8.3 專書與論文

8.3.1 中日文參考書目

三枝充悳

1978 《初期佛教の思想》，東京：東洋哲學研究所。

1981 〈關係（緣）關係性（緣起）關係主義（緣起說）〉《東洋學術研究》第二十卷第一號。

王　力

1987 《中國現代語法》上下冊，台北：藍燈文化事業公司。

中村元

1957 〈緣起說の原型〉《印度學佛教學研究》第五卷第一號，頁五九～六八。

1981 《原始佛教の思想》下卷，東京：春秋社。

1994 《原始佛教の思想》II，中村元選集決定版第十六卷，東京：春秋社，一九九四年七月。

山本啓量

1973 《原始佛教の哲學》，東京：山喜房佛書林。

木村泰賢

1922 《原始佛教思想論》木村泰賢全集第三卷，東京：大法輪閣，一九九三年第八刷。

水野弘元

1970 〈轉法輪經について〉《佛教研究》創刊號，頁一一四～一九二。

1992 《佛教教理研究》，水野弘元著作選集第二卷，東京：春秋社。

王岳川

1993 《後現代主義文化研究》，台北：淑馨出版社。

平川彰

1974 《インド佛教史》上卷，東京：春秋社。

1988 《法と緣起》，東京：春秋社，一九九二年五月第三刷發行。

1990 吳老擇譯，〈四諦說之種種相與法觀（一）〉《妙林》卷期二：四，台北：妙林精舍，一九九〇年四月，頁二五～二七。

1991 《原始佛教とアビダルマ佛教》，東京：春秋社。

宇井伯壽

1925　《印度哲學研究》第二卷，東京：岩波書店，一九六五年版。

1926　《印度哲學研究》第三卷，東京：岩波書店。

1978　〈根本佛教的教説〉《原始佛教研究》，台北：大乘佛教出版社，一九七八年十二月，頁二五五～二六五。

竹內良英

1994　〈原始・部派佛教の食物觀——食厭想について——〉，《印度學佛教學》第四二期第二號，頁九一七。

印　順

1944　《性空學探源》，台北：正聞出版社。

1949　《佛法概論》，台北：正聞出版社，一九九二年一月修訂二版。

1971　《原始佛教聖典之集成》，台北：正聞出版社，一九九四年一月修訂本三版。

舟橋一哉

1952　《原始佛教思想の研究——緣起の構造とその實踐——》，東京：法藏館。

呂凱文

1995　《當代日本「批判佛教」研究：以「緣起」、「dhātu-vāda」爲中心之省察》，台北：國立政治大學哲學研究所碩士論文。

1998　松本史朗著，呂凱文譯〈如來藏思想不是佛教〉《法光月刊》，台北：法光佛教文化研究所，一〇一期。

赤沼智善

1939　《原始佛教之研究》，東京：法藏館。

1958　《漢巴四部四阿含互照錄》，東京：破塵閣書房。

佛使比丘

1995　聖諦編譯組、香光書鄉編譯組譯，《生活中的緣起》，台灣：香光書鄉出版社。

和辻哲郎

1927　《原始佛教の實踐哲學》，東京：岩波書店。

林鎮國

1999　林鎮國，《空性與現代性》，台北：立緒文化。

武內紹晃

1985 〈緣起と業——管見〉《緣起の研究》，京都：百華苑，頁一～一八。

吳汝鈞

1983 《佛學研究方法論》，台北：學生出版社。

周慶華

1994 《秩序的探索——當代文學論述的省察》，台北：東大出版社。

1997 《佛學新視野》，台北：東大出版社。

松本史朗

1989 《緣起と空——如來藏思想批判》，東京：大藏出版社。

1994 《禪思想の研究的批判》，東京：大藏出版社。

1998 呂凱文譯，〈如來藏思想不是佛教〉《法光月刊》，台北：法光佛教文化研究所，一〇一期。

柳庚女可

2000 《以《阿含經》的緣起法探討佛教的認識及其認識對象》，台北：華梵大學東方人文思想研究所碩士論文。

前田惠學

1964 《原始佛教聖典の成立史研究》，東京：山喜房佛書林。

1999 〈佛教の原點であり始原〉，東京：中外日報，一九九九年十月二十八日。

高崎直道

1974 《如來藏思想の形成》，東京：春秋社，一九七八年第三刷。

郭忠生譯

1994 J. W. de Jong 著，〈1984～1990 之佛學研究〉，《諦觀》第七十九期，一九九四年十月，頁一～七六。

郭良鋆

1997 《佛陀和原始佛教思想》，北京：中國社會科學出版社。

陳銚鴻譯

1984 《佛教哲學：一個歷史的分析》，香港：佛教法住學會。

宮板宥勝

1958 〈原始佛教の食と古ウパニシャッドの食物哲學〉《高野山大學論叢》卷一，日本：高野山大學，一九五八年四月，頁一～三五。

1971 《佛教の起源》，東京：山喜房佛書林。

宮本正尊

1943 《根本中と空》，東京：第一書坊。

曹志誠

1996 《清辨二諦思想之研究》，台北：文化大學哲學研究所博士論文。

許世瑛

1962 《中國文法講話》，台北：台灣開明書店。

袴谷憲昭

1989 《本覺思想批判》，東京：大藏出版社。

1990 《批判佛教》，東京：大藏出版社。

1992 《道元と佛教：十二卷本『正法眼藏』の道元》，東京：大藏出版社。

森章司

1972 〈原始佛教における四諦説について——その資料整理——〉《大倉山論集》第一〇號，大倉山文化科學研究所，一九七二年三月。

傅偉勳

1990 《從創造的詮釋學到大乘佛學》，台北：東大圖書出版社。

1991 〈關於緣起思想形成與發展的詮釋學考察〉《中華佛學學報第四期》，台北：中華佛學研究所，頁一六九～一九九。

1995 〈四聖諦的多層義蘊與深層義理〉《佛教思想的傳承與發展——印順導師九秩華誕祝壽文集》，台北：正聞出版社，頁三一～五四。

葉　均

1988 覺音造，葉均譯，《清淨道論》（上、中、下），台北：華宇出版社。

楊郁文

1994 《阿含要略》，台北：東初出版社。

1996 〈緣起之「此緣性（idappaccayatā）」〉《中華佛學學報》第九期，台北：中華佛學研究所，頁一～三四。

增永靈鳳

1948 《根本佛教の研究》，千葉縣：風間書房。

聶秀藻

1990 《原始佛教四諦思想》，台北：佛光出版社。

釋恆清

2001 〈批判佛教駁議〉《哲學論評》第二十四期，台北：台灣大學哲學系，頁一～四六。

釋惠敏

2000　〈「緣起」與「緣所生法相」——印順導師對「瑜伽行派學要」的觀點〉《印順思想——印順導師九秩晉五壽慶論文集——》，台北：正聞出版社，頁二四五～二六五。

釋悲昱

1995　《《雜阿含經》緣起思想的研究》，香港：私立能仁學院哲學研究所碩士論文。

藤田宏達

1978　〈原始佛教の因果思想〉《佛教思想 3 因果》，東京：平樂寺，頁八三～一二四。

8.3.2 西文參考書目

Ch. Tripāthi

1962　*Fünfundzwanzig Sūtras des Nidānasaṃyukta*,Berlin

Frauwallner, Erich

1953　*Geschichte der indischen Philosophie* I. Band, Salzburg, Otto Müller.

Hansen, Chad

1985　"Chinese language, Chinese Philosophy, and 'Truth'.", *Journal of Asian Studies*, vol. XLIV. NO.3, May 1985, pp. 491-519.

Hubbard, Jamie and Paul Swanson (ed.)

1997　*Pruning The Bodhi Tree: The Storm Over Critical Buddhism*. University of Hawaii Press.

Johnston, E. H.

1950　*The Ratnagotravibhāga Mahāyānottaratantraśāstra*. The Bihar Research Society, Patna.

Lamotte, Utienne

1977　*Festschrift Waldschmidt*. Museum für Indische Kunst Berlin.

Lopez, Jr., Donald S.

1988　*Buddhist Hermeneutics*. Honolulu: University of Hawaii Press.

Masson-Oursel, Paul

1915　*Revue de l'Histoire des Religions*. Paris.

Oldenberg, HermannS

1961　*Buddha, Sein Leben, Seine Lehre, Seine Gemeinde*. herqusg. von Helmuth von Glasenapp, Müchen.

Oltramare, Paul, B.

1909 *La formule bouddhique des douze causes*. Genuve.

Pande, Govind Chandra

1957 *Studies in the Origins of Buddhism*. Allahabad, Dept. of Ancient History, Culture and Archaeology, University of Allahabad.

Poussin, L. de La Vallue

1913 *Thuorie des douze causes*. Gand.

Rosenberg, Otton Ottonovich

1918 *Die Probleme der buddhistischen Philosophie*. Materialien Zur Kunde des Buddhismus, Heft 7-8, Heidelberg, 1924. (Russische Ausgabe, Petrograd, 1918)

Ruegg, David Seyfort and Schmithausen, Lambert (eds.)

1990 *Earliest Buddhism and Madhyamaka*. Leiden.

Stcherbatsky, Theodore

1923 *The Central Conception of Buddhism*. London.

1927 *The Conception of Buddhist Nirvāna*. Leningrad.

Verdu, Alfonso

1985 *Early Buddhist Philosophy: in the Light of the Four Noble Truths*. Delhi, Motilal Banarsidass.

Walleser, Max

1904 *Die philosophische Grundlage des rlteren Buddhismus*. Heiderberg.

Warder, Anthony Kennedy

1980 *Indian Buddhism*. Delhi: Motilal.